Q&A
開示検査と
会計不祥事
対応の実務

Dealing with SESC's disclosure Statements inspection and Accounting scandals

三宅英貴 [著]
Hidetaka Miyake

一般社団法人 **金融財政事情研究会**

はしがき

　日本の資本市場では、西武鉄道事件、ライブドア事件、オリンパス事件や東芝事件など有価証券報告書等に重要な虚偽記載があるとして検察や証券取引等監視委員会から摘発され、上場会社の企業情報の開示に対する信頼が喪失するいわゆる会計不祥事が幾度となく繰り返されています。最近では、決算発表の時期ともなると不適切な会計処理の疑義を把握したことを契機に決算発表を延期して第三者調査委員会を設置するといったニュースが数多く報道されるようになっています。

　こうした会計不祥事が繰り返されるたびに信頼回復のための事後的な対応として企業情報の開示制度やその違反行為に対するエンフォースメントが強化されるとともに、監査法人による財務諸表監査の品質強化の対策も実施され、現在では投資者保護のための重厚な制度的な枠組みが整備されるに至っています。それでも会計不祥事は起こり続けていますが、東芝事件が証券取引等監視委員会の開示検査によって表面化し、直近では財務諸表を監査した監査法人から無限定適正意見を得られるか否かが大きな話題となったことからもわかるように、最近の会計不祥事では、証券取引等監視委員会の開示検査による行政的なエンフォースメントと監査法人のゲートキーパーとしての役割が飛躍的に高まっており、上場会社が実施する会計不祥事対応でも重要なポイントとなっているように筆者には感じられます。

　こうした状況を踏まえ、本書では、筆者がこれまで証券取引等監視委員会の開示検査に従事した経験と大手監査法人の不正調査部門で不正調査や財務諸表監査における不正リスク対応に従事した経験に基づき、証券取引等監視委員会の開示検査の運用と監査法人の不正リスク対応の動向、そして、それらを踏まえた会計不祥事対応の実務について解説します。

　開示検査に携わる行政官の行政判断や監査法人の不正リスク対応の実務まで踏み込んだ内容となっていますが、すべて筆者の個人的見解であり、筆者が現在あるいは過去に所属した組織等を代表した見解ではありません。

今後、会計不祥事対応を行うにあたっては開示検査の運用の実務や監査法人の不正リスク対応の厳格化の流れを少しでも理解していたほうが的確な対応が可能となると筆者は考えており、可能な限り現場の実務をお伝えしたいと思います。本書が、企業が不幸にも会計不祥事対応を行う事態に直面した際の一助になれば幸いです。

　最後になりますが、本書の出版に際しては一般社団法人金融財政事情研究会金融法務編集部の髙野雄樹氏にお世話になりました。特に、髙野氏には、証券取引等監視委員会及び監査法人に在籍した特異なバックグラウンドを有する筆者をかねてから暖かくご支援していただき、本書の企画や執筆に際しても大変心強いお力添えを賜りました。この場を借りて厚く御礼申し上げます。

　　平成30年1月

三宅　英貴

凡　例

金商法	金融商品取引法
独占禁止法	私的独占の禁止及び公正取引の確保に関する法律
金商法施行令	金融商品取引法施行令
開示府令	企業内容等の開示に関する内閣府令
開示検査基本指針	開示検査に関する基本指針
財務諸表規則	財務諸表等の用語、様式及び作成方法に関する規則
連結財務諸表規則	連結財務諸表の用語、様式及び作成方法に関する規則
企業内容等開示ガイドライン	企業内容等の開示に関する留意事項について
不正リスク対応基準	監査における不正リスク対応基準
監基報	監査基準委員会報告書
不祥事対応プリンシプル	上場会社における不祥事対応のプリンシプル
日弁連ガイドライン	企業等不祥事における第三者委員会ガイドライン
監査法人のガバナンス・コード	監査法人の組織的な運営に関する原則
証券監視委	証券取引等監視委員会
新日本監査法人	新日本有限責任監査法人
監査法人トーマツ	有限責任監査法人トーマツ
あずさ監査法人	有限責任あずさ監査法人

目　次

はしがき ……………………………………………………………………… i
凡　例 ………………………………………………………………………… iii

第1章　開示制度の基本的枠組みとエンフォースメント

Question 001　基本概念 …………………………………………………… 2
会計不祥事の問題を議論する上で理解しておくべき基礎的な概念は何ですか

Question 002　開示制度の枠組み ………………………………………… 8
上場会社の適正な情報開示を確保するための制度的な枠組みを教えてください

Question 003　金商法上のディスクロージャー規制 …………………… 11
会計不祥事が発生した場合に抵触する金商法の開示規制（ディスクロージャー規制）にはどのようなものがありますか

Question 004　開示規制違反と刑事罰 …………………………………… 14
会計不祥事により金商法の開示規制に違反した場合、刑事罰としてはどのようなエンフォースメントが想定されますか

Question 005　開示規制違反と課徴金 …………………………………… 16
会計不祥事により金商法の開示規制に違反した場合、課徴金としてはどのようなエンフォースメントが想定されますか

Question 006　開示規制違反とその他の行政処分 ……………………… 22
会計不祥事により金商法の開示規制に違反した場合、課徴金納付命令以外の行政処分としてはどのようなエンフォースメントが想定されますか

第 2 章　開示検査の運用と実務

Question 007	**開示検査の意義と出口** ……………………………………… 26
	開示検査とはどのような検査で、その結果、どのような処分等が行われるのですか

Question 008	**開示検査の歴史と運用実績** ……………………………… 30
	開示検査の歴史とこれまでの運用実績を教えてください

Question 009	**開示検査の当初の運用** …………………………………… 34
	運用開始当初の開示検査の運用にはどのような特徴がありましたか

Question 010	**開示検査の運用の変化** …………………………………… 36
	運用実績の積み重ねにより開示検査の運用に変化はみられましたか

Question 011	**開示検査と行政庁の裁量** ………………………………… 40
	行政処分に値する事案を選別する開示検査の運用は、行政庁に裁量がないという課徴金制度の制度設計との関係ではどのように整理されていますか

Question 012	**具体的な検査手続の理解** ………………………………… 42
	開示検査で具体的に実施される手続について理解する方法はありますか

Question 013	**開示検査の目的** …………………………………………… 44
	開示検査はどのような目的で実施されるのですか

Question 014	**開示検査の対象選定** ……………………………………… 48
	開示検査の対象となる上場会社はどのように選定されますか

Question 015	**開示検査で実施される手続** ……………………………… 52
	開示検査ではどのような手続が実施されますか

Question 016	**立入検査** …………………………………………………… 54
	立入検査は無予告で行われるのですか

Question 017	開示検査と監査法人 56
	開示検査では、開示書類の提出者である上場会社の財務諸表監査を行っている監査法人も検査の対象となりますか

Question 018	「重要な事項」と「虚偽の記載」の判断 58
	開示検査では、「重要な事項」と「虚偽の記載」の要件はどのようなプロセスで判断されていますか

Question 019	虚偽記載の認定 60
	開示検査では、虚偽記載の認定はどのように行われていますか

Question 020	重要性の判断 64
	開示検査では、重要性はどのように判断されていますか

Question 021	重要な虚偽記載の認定の傾向 67
	開示検査における重要な虚偽記載の認定について、最近の特徴的な傾向はありますか

Question 022	犯則調査と開示検査 72
	証券監視委は、会計不祥事に対して犯則調査と開示検査をどのように使い分けていますか

Question 023	オリンパス事件① 75
	オリンパス事件では、開示検査はどのように活用されましたか

Question 024	オリンパス事件② 78
	オリンパス事件では、開示検査の結果、証券監視委はどのような処理をしましたか

Question 025	オリンパス事件③ 81
	オリンパス事件の影響により、開示規制の制度改正は行われましたか

Question 026	オリンパス事件④ 83
	オリンパス事件は、後の開示検査の運用に影響を及ぼしましたか

Question 027	東芝事件① 85
	東芝事件では、どのように開示検査が活用されましたか

Question 028	東芝事件② ··· 89
	開示検査の結果、東芝はどのような行政処分を受けましたか

Question 029	東芝事件③ ··· 92
	東芝事件の影響により、開示検査の運用に変化はありましたか

Question 030	開示検査の今後の取組み ··· 95
	開示検査の今後の取組みとして注目すべきものはありますか

第3章　監査法人の不正リスク対応の厳格化

Question 031	監査法人の不正リスク対応の傾向 ·································· 100
	近年、会計不祥事に対する監査法人の対応にはどのような傾向がみられますか

Question 032	監査法人への行政処分 ·· 102
	オリンパス事件では虚偽表示のある財務諸表の監査を行った監査法人には処分は下されましたか

Question 033	不正リスク対応基準 ··· 105
	オリンパス事件後に企業会計審議会によって導入された不正リスク対応基準について教えてください

Question 034	不正リスク対応基準の実務への影響 ······························ 109
	不正リスク対応基準は財務諸表監査の実務にどのような影響を及ぼしましたか

Question 035	東芝事件と監査法人への行政処分 ·································· 113
	東芝事件では、監査法人にはどのような行政処分が下されましたか

Question 036	監査法人のガバナンス・コードと不正リスク対応への影響 ······ 119
	監査法人のガバナンス・コードと監査法人の不正リスク対応に対する影響を教えてください

Question 037	東芝事件後の監査品質の向上に向けた取組み ………………… 123
	東芝事件後にみられる監査法人の監査品質の向上に向けた取組みで注目すべきものはありますか

第4章 会計不祥事対応の実務

Question 038	会計不祥事対応を迫られるケース ……………………………… 128
	今後、企業が会計不祥事対応を迫られる展開としてはどのようなケースが増えると予想されますか
Question 039	会計不祥事の疑義を把握した場合の対応 …………………… 130
	証券監視委や監査法人の指摘により会計不祥事の疑義を把握した場合、企業としては、どのような対応が必要となりますか
Question 040	会計不祥事の調査体制 …………………………………………… 132
	会計不祥事の調査はどのような体制で実施すべきですか
Question 041	第三者委員会の設置とその留意点 ……………………………… 136
	会計不祥事対応で第三者委員会を設置する場合の留意点を教えてください
Question 042	調査事項(調査スコープ)と調査対象期間 …………………… 141
	会計不祥事の調査を実施する場合、調査事項(調査スコープ)や調査対象期間はどのように決めるべきですか
Question 043	フォレンジック調査 ……………………………………………… 144
	会計不祥事の調査では、デジタル・フォレンジックを活用したいわゆるフォレンジック調査は必要ですか
Question 044	フォレンジック調査の実施者・実施工程・留意点など ……… 148
	フォレンジック調査の実施者と実施工程、留意点などを教えてください
Question 045	類似不正の網羅的検証 …………………………………………… 154
	疑義の対象となった不正に加え、他の拠点や事業部等でも類

	似の不正が発生していないかどうかを網羅的に検証するためにはどのように調査すればよいですか	
Question 046	**課徴金減算制度の利用の要否** ……………………………… 158 監査法人からの指摘によって会計不祥事の調査を実施する場合、課徴金減算制度を利用すべきか否かはどのように判断すればよいですか	
Question 047	**外部の専門家への相談** ……………………………… 161 開示検査の指摘を受けて調査や過年度決算の訂正に向けた対応を行う場合、検査での指摘事項等を外部の弁護士や公認会計士といった専門家に相談することはできますか	
Question 048	**継続開示書類の訂正報告書提出の要否** ……………………………… 164 開示検査の過程で過去に提出した継続開示書類の訂正報告書の提出を証券監視委から強く促されましたが、応じなければならないですか	
Question 049	**過年度の開示書類の訂正** ……………………………… 168 会計不祥事対応として過年度の開示書類を訂正する場合、どこまで遡って訂正する必要がありますか	
Question 050	**会計不祥事対応の最大のポイント** ……………………………… 170 東芝事件以降の会計不祥事対応の最大のポイントはどのような点にありますか	

Column

法律家を悩ます会計基準の法的拘束力―監査委員会報告第66号は憲法？― …… 7
犯則と課徴金の使い分け―真水の粉飾？― ……………………………… 29
オリンパス事件の第一印象―これって犯則だよなあ？― ……………………………… 80
会計不祥事対応のプロフェッショナルたち―大事なものは？― ……………………………… 122
なんちゃって第三者委員会と弁護士の見識―先生のお立場は？― ……………………………… 135

事項索引 ……………………………… 172

第1章

開示制度の基本的枠組みとエンフォースメント

Question 001
基本概念

Q 会計不祥事の問題を議論する上で理解しておくべき基礎的な概念は何ですか

nswer

財務諸表監査における「不正」「誤謬」「経営者不正」の概念に加え、金商法上の開示規制違反との関係を理解しておく必要があります。本書ではこれらが問題となる事象を会計不祥事として扱います。

Commentary ▶▶▶

　上場会社が開示する財務情報の正確性や信頼性に問題が生じた場合、新聞報道等では「粉飾決算」「不適切な会計処理」「会計不正」「虚偽記載」など様々な呼ばれ方をします。会計・監査の領域の話と法律の領域の話が複雑に錯綜するのがこうした問題の大きな特徴といえますが、その時々の議論の論点を正確に理解するためには、最低限、以下の概念を理解しておく必要があります。

1 財務諸表監査における「不正」と「誤謬」の概念

　経営者が作成する財務諸表の虚偽表示は、「不正」又は「誤謬」から生じ

るとされますが、監査法人が行う財務諸表監査の領域では、「不正」とは、「不当又は違法な利益を得るために、経営者、取締役等、監査役等、従業員又は第三者による他者を欺く意図的な行為」と定義され、財務諸表の重要な虚偽表示の原因となる不正としては不正な財務報告（いわゆる粉飾）と資産の流用が念頭に置かれています（監基報（序）用語集No.218、同報240号10項(1)）。

　財務諸表の虚偽表示は不正以外にも「誤謬」を原因として生じるとされますが、「誤謬」とは、「財務諸表の意図的でない虚偽表示をいい、金額又は開示の脱漏を含む」と定義されており（監基報（序）用語集No.100、同報240号2項）、**不正と誤謬は、財務諸表の虚偽表示の原因となる行為が意図的であるか否かにより区別されます。**

　そして、意図的な不正の場合には隠蔽工作を伴うことが多いため、不正による虚偽表示は誤謬と比較すると財務諸表監査で発見できないリスクが高く、監査法人としてはより慎重な対応が要求されます。

　世間でいわれる「粉飾決算」や「会計不正」はまさに意図的な財務諸表の虚偽表示に相当しますが、「不適切な会計処理」というと必ずしも意図的な虚偽表示に限られず、「誤謬」まで含むニュアンスに近くなるように思います。

　しかし、この「誤謬」という言葉は、意図的なものも含んだより広い意味で使われている場合もあるので注意が必要です。すなわち、企業会計基準委員会が作成・公表した「会計上の変更及び誤謬の訂正に関する会計基準」（企業会計基準24号21項）では、過去の財務諸表における誤謬が発見された場合には、所定の方法により修正再表示すると規定されているところ、そこでいう「誤謬」とは、「原因となる行為が意図的であるか否かにかかわらず、財務諸表作成時に入手可能な情報を使用しなかったことによる、又はこれを誤用したことによる、次のような誤りをいう。

　① 財務諸表の基礎となるデータの収集又は処理上の誤り
　② 事実の見落としや誤解から生じる会計上の見積りの誤り
　③ 会計方針の適用の誤り又は表示方法の誤り」

と定義されています（同基準24号4項(8)）。つまり、**過去の財務諸表の修正再表示が必要か否かを判断する場面での「誤謬」という概念には意図的な行為とそうでないものが含まれる**ということです。

したがって、「誤謬」については、財務諸表の意図的な虚偽表示か否かを区別する文脈で「誤謬」という言葉が使われている場合と財務諸表を修正再表示する必要があるか否かで「誤謬」という言葉が使われている場合があるので、文脈によってどちらの意味で使われているのか正確に理解して議論する必要があります。

2 財務諸表監査における「経営者不正」の概念

財務諸表の作成責任は経営者にありますが、「経営者」とは、「取締役又は執行役のうち企業における業務の執行において責任を有する者をいい、監査役設置会社においては代表取締役又は業務執行取締役を指し、委員会設置会社においては代表執行役又は執行役を指す」と定義されています（監基報240号4項）。こうした経営者による不正な財務報告は一般に「経営者不正」と呼ばれます。

経営者は、会計記録の改竄、不正な財務諸表の作成、不正防止のための統制手続の無効化を容易にできる立場にあることが多く、財務諸表監査で経営者不正による重要な虚偽表示を発見できないリスクは従業員不正と比較して相対的に高いことから、**経営者不正が疑われるケースでは監査法人は非常に慎重な対応が必要となります**。

特に、経営者不正が疑われる会計不祥事のケースでは、上場会社が事実関係の確認等を目的とする調査を実施する場合においても経営者とは独立した調査体制として第三者委員会の設置が必要となることが多くなってきます（Question040参照）。

3 「不正」と金商法上の開示書類の虚偽記載との関係

●●● (1) 「不正」と刑事罰との関係 ●●●

　不正な財務報告は、有価証券報告書等の重要な虚偽記載として金商法上の開示規制違反を構成する場合があります。

　いわゆる虚偽有価証券報告書提出罪（金商法197条1項1号）のような刑事罰に該当する場合には、故意犯処罰の原則（刑法38条1項）により、実行犯の「故意」が必要となることから、意図性を要する不正な財務報告の概念と重なり合うようにもみえます。また、虚偽有価証券報告書提出罪は、直接的に提出に関与した代表者、代理人、使用人その他の従業者が、法人の業務又は財産に関して違反行為をしたことをもって両罰規定により当該法人にも罰金刑が成立します（金商法207条1項1号）。したがって、経営者不正と金商法の開示規制違反の刑事罰が成立する場面は重なり合うことが多いといえそうです。

　しかし、実際の事案では、明らかな不正の意図、すなわち確定的故意が認定できる事案はそれほど多くはなく、経営者が部下に収益プレッシャーをかけ続けながらも粉飾の明確な指示まではしていないといった刑法でいういわゆる未必の故意の認定の可否が問題となるような事案も散見されます。そうした事案では、財務諸表監査でいう「経営者不正」といえるのか、あるいは法律上の「故意」が認められて虚偽有価証券報告書提出罪が成立するのかといった点で両者が必ずしも同じ結論に到達するとは限らないということもいえそうです。**基本的には財務諸表監査では経営者不正と扱う一方、刑事罰の故意の認定については慎重に判断されるというケースが多いように思われます。**

●●● (2) 「不正」「誤謬」と課徴金との関係 ●●●

　さらに問題を複雑にしているのは、金商法上の課徴金制度が故意を要しないとされている点です。故意を要しない以上、意図性のない「誤謬」を原因とする重要な虚偽記載のある開示書類の提出行為も課徴金の対象となり、実際に、証券監視委の過去の課徴金勧告の事例では誤謬による虚偽記載について課徴金の対象としていると思われる事案（東日本ハウス事件など）もあります。

　最近の証券監視委の開示検査では重要な虚偽記載のある開示書類の提出行為の形式的要件の充足が認定できれば、それだけで課徴金勧告をするといった硬直的な課徴金制度の運用がなされているものではなく、意図性や悪質性、自浄作用の有無などの要素で行政処分に値する事案を選別して課徴金勧告を行う運用を行っています（Question010参照）。したがって、単なる軽過失による重要な虚偽記載の事案が課徴金対象とされるケースは少ないと思われますが、**必ずしも意図的な不正に限られず、誤謬であっても少なくとも上場会社の内部管理体制に問題があって法律的には重過失と評価できそうな事案については課徴金対象になる**と考えておく必要がありそうです。

4 本書が対象とする会計不祥事

　以上のような整理を前提にして、本書では、「粉飾」や「会計不正」に相当する不正な財務報告や金商法上の刑事罰の対象となる虚偽有価証券報告書提出罪等のほか、誤謬を原因とする重要な虚偽表示や金商法上の課徴金の対象となる重要な虚偽記載のある開示書類の提出行為等を含めて「会計不祥事」と称して議論を進めます。

　これらの行為は、金商法の開示規制違反を構成するか否かという観点から当局、つまり証券監視委の開示検査や犯則調査の対象となる場合があります。また、証券監視委が開示検査や犯則調査に着手しないケースであって

も、上場会社は監査法人の指摘により事実関係の調査などを行い、過年度の有価証券報告書等を自発的に訂正する対応を迫られる場合もあります。

Column ▶▶▶ 法律家を悩ます会計基準の法的拘束力
―監査委員会報告第66号は憲法？―

　法律や政令といった法的拘束力に疑問の余地がないルールをエンフォースすることに慣れ親しんだ法律家にとって会計基準の法的拘束力は本当に悩ましい問題です。日本公認会計士協会の委員会報告、実務指針や研究報告などをベースに会社と監査法人とのコミュニケーションのなかで実務的に適正な会計処理が実現されていくプロセスが慣行化しているため、いざその慣行を法律の世界に取り込んでエンフォースしなければならないときには、果たして法的拘束力のあるレベルの「一般に公正妥当と認められる企業会計の基準」（財務諸表規則1条1項）とまでいえるのかという法律家にとっては頭の痛い問題に直面します。

　既に廃止されましたが、繰延税金資産の回収可能性の判定についての実務的な指針を示した日本公認会計士協会の監査委員会報告第66号「繰延税金資産の回収可能性の判断に関する監査上の取扱い」もそうした悩ましいルールの一つです。繰延税金資産は粉飾事案の主役になることは少なく、通常は架空売上の計上など主役となる不正によって過去の収益が歪められていたことに伴って派生的に問題となる限度で登場する脇役です。

　しかし、たまに繰延税金資産が主役となる事案があり、筆者が証券監視委に勤務していた当時にも、過去に計上されていた巨額な繰延税金資産を取り消す過年度決算の訂正を行った某有名企業がありました。訂正財務諸表のほうが正しいとすると、訂正前の開示書類について重要な虚偽記載を認定して課徴金勧告をしなければならないかが問題となりました。

　出向裁判官が中心となって足利銀行事件の裁判例（宇都宮地判平23.12.21判例時報2140号88頁）などを紐解いて監査委員会報告第66号の法的拘束力の問題を検討するとともに、公認会計士からは監査実務での取扱いの情報を入手して局長説明を行いましたが、当時のT事務局長は、説明を聞いた後、「監査委員会報告第66号は企業会計の実務の世界では憲法のようなものだよ」と銀行を相手に散々繰延税金資産の問題に取り組んだ行政官としての豊富な経験に基づく見解を披歴されました。

　法律家の法的分析や公認会計士の監査実務の取扱いの知見ももちろん重要ですが、証券監視委の開示検査の出口は行政処分であり、過去の同種の行政の対応との一貫性を保つ上でも経験豊富な行政官の行政感覚が最も重要です。残念ながら、くだんの事案は課徴金勧告には至りませんでしたが、法律家が頭でっかちの法律論で頭を悩ませる問題でも行政としてのスタンスは比較的明確なことは往々にしてあり、証券監視委が行政機関である醍醐味を実感できたのはこうした瞬間でした。

Question 002
開示制度の枠組み

Q 上場会社の適正な情報開示を確保するための制度的な枠組みを教えてください

nswer

監査法人による財務諸表監査、金融庁・財務局による有価証券報告書等の審査等、証券監視委による開示検査、金融商品取引所・自主規制法人による上場審査や上場管理など重層化・精緻化された枠組みが構築されています。

Commentary ▶▶▶

1 上場会社の適正な情報開示を確保するための枠組みの全体像

過去の度重なる会計不祥事の発生により、上場会社の適正な情報開示を確保するための枠組みはその都度、強化され、現在では次の【表】のとおり、**極めて重層化・精緻化された枠組みが構築されています。**

上場会社が作成する財務諸表は監査法人又は公認会計士による監査が行われますが、実務的には個人の公認会計士ではなく、監査法人による監査が行われるのが一般的です。そして、監査法人は、日本公認会計士協会から品質管理レビューや公認会計士・監査審査会のモニタリングの対象とされて監査の品質管理態勢等を厳しくチェックされています。また、監査法人は、金融庁から指導・監督を受けており、財務諸表監査に問題があった場合には業務

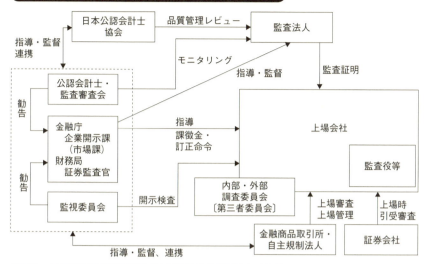

（出所）　金融庁証券取引等監視委員会事務局長 岳野万里夫（当時）
　　　　「証券取引等監視委員会の活動状況等」（平成25年1月24日付講演資料）

改善命令、課徴金納付命令等の行政処分を受けます。
　監査法人の監査によって適正な情報開示を確保するルートだけではなく、当局が直接的に上場会社の情報開示を監視するルートも存在します。すなわち、上場会社が提出する有価証券報告書等の開示書類については金融庁・財務局が審査等を行うとともに、問題がある場合には課徴金納付命令や訂正命令といった行政処分を行います。金融庁・財務局の審査等は、報告徴取やヒアリングなどオフサイトで実施されますが、証券監視委の開示検査ではオンサイトの検査が実施され、その結果、法令違反が認められた場合には証券監視委が課徴金納付命令や訂正命令を金融庁に勧告する制度となっています。
　こうした監査法人や金融庁・財務局・証券監視委を通じたチェック体制に加え、上場時に証券会社による引受審査、さらには金融商品取引所・自主規制法人による上場審査や上場管理も行われており、そこでも上場会社の情報開示が一定程度チェックされる体制が構築されています。

2 監査法人の不正リスク対応と証券監視委の開示検査

　上記1で説明したような上場会社の適正な情報開示を確保するための重層化・精緻化された枠組みが構築されているにもかかわらず、会計不祥事は消滅するどころか上場会社が調査委員会を設置して調査対応を実施する事例は年々増加しているような印象を受けます。その背景の一つとしては、特にオリンパス事件以降、監査法人による不正リスク対応の厳格化により、従来であれば必ずしも表面化しなかった不正の疑義が表面化し、上場会社が調査委員会を設置して対応せざるを得ない状況に追い込まれるケースが増えていることが挙げられそうです。

　また、粉飾決算は各種の隠蔽工作を伴うのが通常であり、実態を解明するためには法令上の権限に基づいた当局の検査・調査や内部告発等による情報収集・分析が必要なケースもありますが、オンサイトの検査を行う証券監視委の開示検査が運用実績を積み重ねて監視能力を強化しています。証券監視委の開示検査では、第三者委員会等の設置等による企業の自浄作用の発揮による虚偽記載のある開示書類の自主的な訂正を求める運用を行っており、企業による調査対応が増えている大きな要因の一つといえそうです。

　こうした状況を踏まえ、**本書では、証券監視委の開示検査の運用と監査法人の不正リスク対応の厳格化の流れに着目しています。**

Question 003
金商法上のディスクロージャー規制

Q 会計不祥事が発生した場合に抵触する金商法の開示規制（ディスクロージャー規制）にはどのようなものがありますか

Answer

通常、有価証券報告書や四半期報告書の提出義務を規定する継続開示規制の違反が問題となり、重要な虚偽記載のある有価証券届出書で資金調達を行っていた場合には発行開示規制の違反も問題となります。また、虚偽の適時開示を含むいわゆる不公正ファイナンスが発行開示規制違反として摘発されるケースもあります。

Commentary ▶▶▶

1 金商法の開示規制の趣旨

　預金者の資金が銀行を通じて企業に間接的に資金提供される間接金融では、銀行が貸付先の貸倒れのリスクを負担して資金提供が行われ、預金者は預金保険制度によって保護されています。これに対し、資本市場は、企業が発行した有価証券に対して投資者が直接投資する形で企業に資金提供が行われる直接金融の市場であり、投資者は株価下落のリスクを自ら負担して自己責任で有価証券に投資します。

　しかし、投資者に自己責任を問う以上、その前提として、有価証券の発行者から正確な企業情報が迅速かつ公平に投資者に開示されている状況が確保

されている必要があります。

　こうした要請に応えるため、金商法は第2章に「企業内容等の開示」という章を置いて各種の情報開示義務を規定する形で開示規制を整備しています。

2 会計不祥事で抵触する金商法の開示規制

　会計不祥事が発生した場合、通常、金商法の発行開示規制と継続開示規制への抵触が問題となります。

　発行開示規制は、有価証券の募集・売出しを行う際に有価証券の発行者に有価証券届出書等の提出による証券情報や企業情報等の情報開示を義務付ける規制です。会計不祥事の事案では、上場会社が重要な虚偽記載のある有価証券届出書によって公募増資や第三者割当増資を実施して資金調達（ファイナンス）をしている場合に発行開示規制への抵触が問題となります。

　他方、継続開示規制は、金融商品取引所に上場して株式が流通している有価証券等の発行者に有価証券報告書、四半期報告書及び臨時報告書等の提出による情報開示を義務付ける規制です。会計不祥事の事案では、通常、上場会社が重要な虚偽記載のある有価証券報告書や四半期報告書を提出している場合に継続開示規制への抵触が問題となります。また、重要な虚偽記載のある臨時報告書の提出により継続開示規制への抵触が問題となるケースもあります。

3 金融商品取引所の適時開示と金商法違反

　上場会社は、金商法に基づく法定開示制度に加え、金融商品取引所の適時開示制度により、重要な会社情報（決算情報、決定事実及び発生事実等）を適時開示する義務を負います。こうした適時開示は、株式を上場している金融

商品取引所の規則に基づくもので、金商法に基づく法定開示とは別の制度であり、会計不祥事の事案では、過去に発表した「決算短信」や「四半期決算短信」の訂正が必要となる場合があります。

　しかし、**金商法に基づく法定開示とは異なる制度であるにもかかわらず、適時開示での虚偽情報の公表が金商法の違反行為を構成するケースもあります。**

　例えば、経営不振の企業が実施する第三者割当増資の引受人が出資直後に社外流出させて資金を還流させるにもかかわらず、当該企業の資本増強の適時開示に伴う一時的な株価高騰時に売り抜けるといった発行市場と流通市場に跨るいわゆる不公正ファイナンス事案について、実態のない資本増強の適時開示を含む一連の行為が「偽計」（金商法158条）と認定されるケースがあります。しかし、これは、有価証券の発行者を名宛人とする開示規制ではなく、「何人」も対象となる不公正取引規制への抵触が問題となるものです。

　ただし、不公正ファイナンスには価値のない不動産を現物出資する類型もあり、こうした類型では、現物出資者を割当先とする第三者割当増資に係る有価証券届出書に記載された現物出資不動産の価額とその算定根拠について重要な虚偽記載があるとして発行開示規制の違反として処理された事例があります（日本エル・シー・エーホールディングス事件）。

Question 004

開示規制違反と刑事罰

Q 会計不祥事により金商法の開示規制に違反した場合、刑事罰としてはどのようなエンフォースメントが想定されますか

Answer
重要な事項につき虚偽の記載がある有価証券届出書、有価証券報告書、四半期報告書といった開示書類を提出した場合には役職員個人に実刑を含めた懲役刑が想定されるとともに両罰規定により法人自体も罰金刑を受けることが想定されます。

Commentary ▶▶▶

1 虚偽記載のある開示書類の提出行為

　会計不祥事に対する刑事罰によるエンフォースメントは、証券監視委が犯則調査（金商法210条、211条）を実施した結果、犯則の心証を得たときに検察官に対して刑事告発し、起訴後の刑事裁判で確定した刑罰が執行される形で行われます。

　会計不祥事が発生した場合に適用される主な罰則として、重要な事項につき虚偽の記載がある有価証券届出書、有価証券報告書を提出した者には10年以下の懲役若しくは1000万円以下の罰金又はそれらが併科されます（金商法197条1項1号）。また、重要な事項につき虚偽の記載がある内部統制報告書、四半期報告書や臨時報告書を提出した者は5年以下の懲役若しくは

500万円以下の罰金又はそれらが併科されます（同法197条の2第6号）。

　そして、法人の代表者、使用人その他の従業者が法人の業務又は財産に関してこれらの違反行為をしたときは、両罰規定により当該法人自体も刑事罰の対象となり、有価証券報告書や有価証券届出書の場合には7億円以下の罰金刑、内部統制報告書、四半期報告書や臨時報告書の場合には5億円以下の罰金刑が成立します（金商法207条1項）。

　証券監視委によるこれまでの告発事件の裁判結果の量刑をみると、不正の首謀者であった元代表取締役、元監査役及び元取締役に執行猶予が付された懲役刑の判決が下されたオリンパス事件も含めて会計不祥事の事案では一般的には執行猶予が付される例が多いといえそうです。しかし、新規上場時に巨額の架空売上を計上した虚偽記載のある有価証券届出書を提出したエフオーアイ事件では代表取締役社長が懲役3年の実刑判決を受けており、**特に悪質性が高い事案については実刑判決を受ける場合もあります。**

　なお、金商法の内部統制報告制度に基づいて上場会社が提出する内部統制報告書についても重要な事項につき虚偽の記載のあるものを提出すれば刑事罰の対象になりますが、これまで摘発された事例は見当たりません。内部統制報告書の虚偽記載や不提出については課徴金規定もなく、会計不祥事が発覚した場合でも内部統制報告書の開示制度違反としてエンフォースメントを行うことは現実問題としては想定されていないようです。

2 開示書類の不提出

　金商法は、有価証券報告書等を提出しない者に対する罰則も規定していますが（同法197条の2第5号）、これらについては実際に適用された事例は見当たりません。

Question 005
開示規制違反と課徴金

Q 会計不祥事により金商法の開示規制に違反した場合、課徴金としてはどのようなエンフォースメントが想定されますか

A nswer

虚偽記載のある発行開示書類や有価証券報告書等の提出による企業自体に対する課徴金納付命令が中心となりますが、役員等が売出しを行う場合には虚偽記載のある目論見書の使用等により役員個人が課徴金納付命令を受けるケースもあります。その他、例外的に有価証券報告書等の不提出につき課徴金納付命令を受けるケースもあります。

Commentary ▶▶▶

1 会計不祥事で主に想定される課徴金納付命令

　会計不祥事に対する行政処分のうち、課徴金納付命令によるエンフォースメントは、証券監視委が金商法26条に基づく開示検査を実施した結果、金融庁長官及び内閣総理大臣に対して課徴金納付命令を勧告し、勧告を受けた金融庁長官が課徴金審判手続を経て行政処分を行う形で行われます。

　会計不祥事で主に想定される課徴金納付命令は次のとおりです。

(1) 虚偽記載のある発行開示書類の提出による課徴金納付命令

　重要な事項につき虚偽の記載があり、又は記載すべき重要な事項の記載が欠けている有価証券届出書等の発行開示書類を提出した発行者が、当該発行開示書類に基づく募集・売出しを行った場合には、有価証券の発行者である企業自体が課徴金納付命令の対象となります（金商法172条の2第1項）。

　当該発行開示書類に基づく募集により有価証券を取得させた場合の課徴金の金額については、発行価額の総額の2.25％と規定され、株券等の場合には発行価額の4.5％と規定されています（金商法172条の2第1項1号）。

　会計不祥事で虚偽記載のある発行開示書類により資金調達を行っていた場合にはこの規定により課徴金額が巨額となるケースがあります。例えば、東芝事件では、約73億円の課徴金が課されていますが、継続開示書類の虚偽記載による課徴金額は約1億7350万円に過ぎず、残りは虚偽記載のある発行開示書類に基づく社債券の募集により発行価額の総額の2.25％の課徴金を課されたことによるものです。

　また、募集に係る有価証券が株式や債券ではなく、**新株予約権証券の場合には新株予約権の行使に際して払い込むべき金額も含めた発行価額の総額を前提にして課徴金が算出されます。**この点、ファイナンスの実務では、発行後の株価の変動に応じて行使価額を修正する意図で当初の行使価額を発行時の株価の2倍といった新株予約権の行使がおよそ想定されない高額に設定している新株予約権がありますが、有価証券届出書に重要な虚偽記載があると認定された場合には実勢の株価とは乖離した行使価額を前提とした新株予約権の行使時の払込金額も課徴金算定の基礎に加えられることから、予想外に高額の課徴金を課される可能性があります（JVC・ケンウッド・ホールディングス事件）。

　さらに、組織再編成で発行開示を行う場合にも注意が必要です。すなわち、合併、会社分割、株式交換等の組織再編成による株式等の発行や交付のうち、例えば、株式交換完全子会社の株式について開示義務があったにもか

かわらず、組織再編成で発行又は交付される完全親会社の株式に開示義務がない場合には、有価証券届出書の提出による発行開示義務とその後の継続開示義務が課されます（金商法4条1項2号）。そして、組織再編成で提出された有価証券届出書も課徴金の対象となることから、例えば、2社が共同株式移転で完全親会社を成立させる場合に提出した有価証券届出書に記載された両社の統合比率について、会計不祥事の発覚前に算定されたことによる影響で統合比率が歪められて虚偽記載があったと認定される余地があります。現段階ではこうした摘発例は見当たりませんが、留意が必要です。

(2) 売出しに係る目論見書等の虚偽記載による役員等に対する課徴金納付命令

　会計不祥事による開示規制違反の課徴金は有価証券の発行者である上場会社のみに課されるのが通常です。しかし、上場会社のファイナンスに際して大株主である役員等が所有株式の売出しを行う場合に、会計不祥事によって重要な事項につき虚偽の記載があり、又は記載すべき重要な事項の記載が欠けている目論見書が使用され、役員等が目論見書に虚偽記載があり、又は記載すべき事項の記載が欠けていることを知りながら当該目論見書の作成に関与して売出しを行った場合には、役員等個人が課徴金の対象となります（金商法172条の2第5項）。

　ここでいう「役員等」とは役員、代理人、使用人その他の従業者と定義されています（金商法172条の2第2項）。

　主観的要件として役員等に虚偽記載等の認識が要求されていますが、**条文上、「重要な事項」についての虚偽記載とまで認識している必要はなく、単に虚偽記載の認識があれば課徴金が成立する点に注意が必要です**。

　主幹事会社との折衝や印刷会社との目論見書作成の進捗確認等を行っていれば、「作成に関与」と認定される余地があり、実際に証券監視委は過去にビックカメラ事件、シニアコミュニケーション事件でこうした役員個人に対する課徴金勧告を行っています（ただし、ビックカメラ事件では役員が目論見

書作成時点で虚偽記載があることを認識していたと認めることはできないとして課徴金審判で違反事実なしと判断されています)。

また、売出しに係る有価証券届出書に重要な虚偽記載があり、当該届出書に虚偽記載があることを知りながら提出に関与したと認定される場合も役員等個人が課徴金対象(金商法172条の2第2項)となり、実際に証券監視委が勧告した事例もあります(クラウドゲート事件)。

(3) 虚偽記載のある有価証券報告書等の提出による課徴金納付命令

　会計不祥事により重要な事項につき虚偽の記載があり、又は記載すべき重要な事項の記載が欠けている有価証券報告書、四半期報告書や臨時報告書等を提出した場合の課徴金の金額については有価証券報告書の場合は600万円又は市場価額の総額の10万分の6のいずれか高いほうとされており、四半期報告書や臨時報告書の場合はその2分の1とされています(金商法172条の4第1項・2項)。ここでいう「市場価額の総額」とは、金商法の規定に基づいて算出される一定期間の毎日の終値による時価総額の合計額を公表期間の日数で除した期間平均となりますが、概算的な計算でいえば時価総額が概ね1000億円を超える銘柄でなければ有価証券報告書については600万円、四半期報告書や臨時報告書については300万円の課徴金となります。

　会計不祥事では複数の継続開示書類に対して課徴金が成立することが往々にしてありますが、同一の事業年度について複数の継続開示書類に課徴金が成立する場合には各継続開示書類に対する課徴金の合計金額の納付が命じられるものではなく、有価証券報告書に成立する課徴金額を各継続開示書類の課徴金額に応じて按分調整した額の課徴金の納付が命じられることになります(金商法185条の7第6項)。例えば、同一の事業年度で第2四半期報告書に300万円、第3四半期報告書に300万円、有価証券報告書に600万円の課徴金が成立する場合にはその合計額の1200万円が最終的な課徴金額となるのではなく、600万円が各継続開示書類の課徴金の金額に応じて1：1：

2の割合で按分され、第2四半期報告書に150万円、第3四半期報告書に150万円、有価証券報告書に300万円の課徴金が成立することになります。

ただし、訂正報告書については課徴金の按分調整の対象とならない場合があるので注意が必要です。すなわち、過年度の決算に問題があれば有価証券報告書等の重要な虚偽記載を訂正する訂正報告書を提出しますが、その訂正内容にも問題があり訂正報告書にも重要な虚偽記載があるとして課徴金が成立する場合があります。こうしたケースで、当初の有価証券報告書の虚偽記載とは別の新たな虚偽記載が行われたと評価できる場合には、当初の有価証券報告書と訂正報告書は同一の事業年度の継続開示書類であるにもかかわらず、按分調整の対象とはならず、別個に課徴金が成立することになります（金商法185条の7第6項）（エムスリー事件、塩見ホールディングス事件）。

(4) 有価証券報告書等の不提出による課徴金納付命令

金商法の規定に違反して有価証券報告書や四半期報告書を提出しない発行者に対しては、有価証券報告書の不提出の場合は直前事業年度の監査報酬額（監査証明を受けるべき事業年度がない場合等は400万円）、四半期報告書の不提出の場合は直前事業年度の監査報酬額の50％（監査証明を受けるべき事業年度がない場合等には200万円）に相当する金額の課徴金が成立します（金商法172条の3第1項・2項）。

会計不祥事の対応ではその影響を反映させた財務諸表について監査法人の監査証明を得て進行期の有価証券報告書等の継続開示書類を提出する必要がありますが、監査法人との見解の相違などにより有価証券報告書等が提出期限までに提出できない事態が生じるケースがあります。ただし、有価証券報告書等が提出期限までに提出できなかった場合に必然的に証券監視委が課徴金勧告を行うというものではなく、**財政状態や経営成績を開示する必要性や開示書類の提出を放置しているなどの悪質性が認められるケースに限って証券監視委が課徴金勧告を行って課徴金納付命令が発出されることがありま**

す。証券監視委の過去の勧告事例ではゼクス事件がありますが、有価証券報告書等の不提出に対する課徴金額については監査報酬額が基準となることから比較的高額となり、ゼクス事件でも課徴金3999万円が課されました。

　以上は継続開示書類の不提出ですが、有価証券届出書の提出による届出が受理されていないのに有価証券の募集等をした者に対しても課徴金が成立します（金商法172条1項）。しかし、これらは会計不祥事ではなく、有価証券届出書の提出による開示の負担を免れて社債券を広く売り付けるいわゆる無届募集（ワールド・リソースコミュニケーション事件、東亜エナジー事件）といわれる類型が主になります。

2 課徴金の減算・加算制度

　虚偽記載のある発行開示書類の提出による課徴金（金商法172条の2第1項）、虚偽記載のある有価証券報告書等の提出による課徴金（同法172条の4第1項・2項）について同法26条に基づく検査の前に違反事実を報告すれば課徴金の金額が半額に減額されます（同法185条の7第14項）。

　これらの違反行為は継続的に繰り返される可能性が高いこと等から早期発見のインセンティブを付与するために平成20年金商法改正でこうした課徴金減算制度が導入されており、ローソンエンターメディア事件以降、実際に課徴金が減額された事例も複数あります。しかし、減額されるのは課徴金額の50％にとどまることに加え、複数の開示書類について報告した場合でも減算の対象となるのは直近の違反行為に限られることから、**早期発見のインセンティブとして十分に機能しているとは言い難い**といえそうです。

　また、平成20年金商法改正では、5年以内に課徴金納付命令等を受けたことがあるときに再度の課徴金納付命令が発出される場合には課徴金額が1.5倍に増額される課徴金加算制度（金商法185条の7第15項）も導入されており、相場操縦で1件適用例（Select Vantage Inc.事件）があるものの、開示規制違反の課徴金事例では適用事例は見当たりません。

Question 006
開示規制違反とその他の行政処分

Q 会計不祥事により金商法の開示規制に違反した場合、課徴金納付命令以外の行政処分としてはどのようなエンフォースメントが想定されますか

Answer

当局との間で深刻な見解の相違が生じて解消されない場合、証券監視委は、課徴金納付命令の勧告と同時に訂正届出書や訂正報告書の提出を命令する訂正命令を勧告することがあります。課徴金審判手続と訂正命令の聴聞手続が併存することについては改善の余地があります。

Commentary ▶▶▶

1 開示書類の訂正命令を受けるケース

　会計不祥事により、有価証券届出書や有価証券報告書等につき、①重要な事項につき虚偽の記載がある場合、②記載すべき重要な事項の記載が欠けている場合、③誤解を生じさせないために必要な重要な事実の記載が欠けている場合には、開示書類の訂正届出書や訂正報告書の提出命令を受けることがあり、これらの命令は一般的に訂正命令と呼ばれています（有価証券届出書につき金商法10条1項、有価証券報告書につき同法24条の2第1項、四半期報告書につき同法24条の4の7第4項）。

会計不祥事によって上場会社が課徴金納付命令を受けるケースがあっても、訂正命令を受けるケースはあまりみられません。それは、証券監視委が開示検査を実施した結果、課徴金勧告を行うまでの過程において、提出済みの開示書類に重要な虚偽記載があることが明らかになった場合には企業が自発的に訂正届出書や訂正報告書を提出して既に訂正開示を行っているのが一般的であり、証券監視委が訂正命令まで併せて勧告する必要がないからです。

　開示制度は有価証券の発行者が企業情報等を自ら投資者に開示することを前提としていますので、証券監視委の開示検査及び開示書類を受理する財務局は、訂正命令を検討する前にまずは有価証券の発行者が自ら自発的に開示書類を訂正することを促すのが通常です。したがって、**訂正命令を受けるということは、適正な開示について当局と企業との間で深刻な見解の相違が生じて解消に至らず、企業が自発的な訂正を行わなかった例外的なケース**になります。

　会計不祥事に起因する訂正命令は事例が少なく、証券監視委が過去に訂正命令を勧告した事例としては、ペイントハウス事件、TTG事件、日本風力開発事件、日本エル・シー・エーホールディングス事件があります。しかし、ペイントハウス事件とTTG事件については、証券監視委の訂正命令勧告後に企業が自発的に開示書類を訂正したため、行政処分としての訂正命令を受けるまでには至りませんでした。

2 課徴金納付命令と訂正命令の手続上の問題

　証券監視委の開示検査の結果、課徴金納付命令勧告と訂正命令勧告が同時に行われた場合、勧告を受けた金融庁・財務局では、課徴金については課徴金審判手続、訂正命令については聴聞手続を経てそれぞれ別個に行政判断を行います。

　いずれの手続においても同一の開示書類の同じ内容の虚偽記載が対象とな

るにもかかわらず、行政処分の手続がまちまちに分かれてしまう点については行政リソースの有効活用や対応する企業の手間の点から考えても効率的とは言い難く、双方を併存させる必要性も乏しいことから改善の余地があるといえそうです。

　投資者に早期に情報を開示する観点からは訂正命令の聴聞手続のほうをより迅速に進める要請が強いといえそうですが、聴聞手続で重要な虚偽記載を認定して金融庁長官の行政判断が決まってしまうとすれば、後発的により慎重な事前手続である課徴金審判手続を実施しても事実上無意味になってしまいます。難問ですが、早期の情報開示の要請と手続保証の要請をうまくバランスさせた手続の制度設計が求められる問題と考えられます。

第2章

開示検査の運用と実務

Question 007
開示検査の意義と出口

Q 開示検査とはどのような検査で、その結果、どのような処分等が行われるのですか

Answer

開示検査とは、金商法に基づいて提出される有価証券報告書等の開示書類について、証券監視委が同法26条等の権限に基づいて実施する検査のことです。開示検査の結果、証券監視委が課徴金納付命令等の行政処分の勧告を金融庁長官等に対して行う場合がありますが、勧告に至らない場合でも開示書類の自発的な訂正を促すことがあります。

Commentary ▶▶▶

1 開示検査とは

　有価証券の発行・流通市場では、上場会社をはじめとして、有価証券報告書等の提出義務を負う有価証券の発行者等から様々な開示書類が提出されます。それらの開示書類に関してそれぞれ対応する金商法上の権限に基づいて実施される検査が開示検査です。

　法令上は公開買付けに関する開示や大量保有報告書についても開示検査の対象となりますが、実際には、資本市場に対する影響が最も大きい上場会社が提出義務を負う有価証券届出書、有価証券報告書や四半期報告書につい

て、金商法26条に基づいて、当該上場会社やその他の関係者若しくは参考人に対して報告若しくは資料の提出を命じ、帳簿書類その他の物件の検査を行うことが開示検査として一般的に理解されています。

上場会社に対する開示検査で行使される金商法26条は、同法上、内閣総理大臣の行政上の権限として規定されていますが、内閣総理大臣から金融庁長官に委任され、金融庁長官から証券監視委に再委任されることにより、証券監視委が検査を実施しています（同法194条の7第1項・3項、同法施行令38条の2第1項）。

ただし、証券監視委は委員長及び委員2人で組織される合議制の機関であり、実際の検査は、証券監視委の事務を処理するために置かれた事務局の開示検査課に所属する証券調査官が証券監視委の職員として開示検査の権限を行使します。

2 開示検査の出口

証券監視委は、開示検査を行った場合、必要があると認めるときは、その結果に基づき、行政処分その他の措置について内閣総理大臣及び金融庁長官に勧告を行うことができます（金融庁設置法20条1項）。

したがって、開示検査の結果、開示書類の重要な事項につき虚偽の記載等が認められた場合、証券監視委は、金融庁長官等に対して課徴金納付命令の発出を勧告するほか、必要に応じて訂正報告書等の提出命令の発出を勧告します。

また、仮に重要な事項についての虚偽記載等が認められなかった場合でも、有価証券報告書等の訂正が必要と認められた場合には、適正な開示を求める観点から当該報告書等の提出者に自発的な訂正を促すことがあります。

今後は開示検査の出口の柔軟化が課題となる可能性があり、筆者は、IFRS任意適用会社の増加等を踏まえると、企業が自発的訂正を行わない場合であっても「警告」や「注意」を行うことを金融庁長官等に勧告する処理

も検討の余地があると考えています（Question030参照）。

3 勧告事案の公表

　証券監視委による課徴金納付命令及び訂正報告書等の提出命令の勧告はその都度即日に公表されます。

　しかし、開示検査の過程で自発的訂正を促されて上場会社が訂正開示を行ったものの、勧告まで至らなかった事案については即日公表が行われず、証券監視委の年次公表や課徴金事例集（平成29年10月より開示検査事例集に名称が変更）に匿名で記載される形での情報提供がなされるにとどまります。重要性がなく法令違反まで至らなかったということで企業名の公表までは控える運用となっているようですが、実際には証券監視委が匿名で公表した内容と同様の訂正開示を行った企業を調べることにより開示検査から指摘を受けた上場会社は容易に特定できるのが実状です。

　そもそも上場会社はパブリックカンパニーであり、証券監視委から開示検査を受けて開示書類の訂正に至ったことは仮に重要性がなかったとしても内部管理体制の観点からは投資者にとって有益な情報といえます。また、現状の匿名の公表では、わかる人にだけ証券監視委から指摘を受けた企業名がわかるという意味で不公平な情報提供ともいえるので、**たとえ証券監視委が行政処分を勧告しない自発的訂正の事案でも即日に企業名を公表するといった運用も検討の余地があるといえそうです。**

　この点では、近時、独占禁止法を執行する公正取引委員会が事案処理を多様化している状況が参考になります。例えば、公正取引委員会は、独占禁止法に違反する疑いで審査を行った場合でも、審査対象の企業から自発的な措置を速やかに講じるとの申出がなされてその内容を検討したところ、疑いを解消するものと認められたとして審査を終了した旨を企業の実名を明記して公表しています（「アマゾンジャパン合同会社に対する独占禁止法違反被疑事件の処理について」（平成29年6月1日））。上場会社の場合はパブリックカンパ

ニーとしてより一層情報開示の必要性は高いといえるため、企業からの自発的措置を検討して行政処分をせずに審査を終了させた処理を企業名とともに公表するこうした公正取引委員会の実務は参考になると思われます。

Column ▶▶▶ 犯則と課徴金の使い分け
―真水の粉飾？―

　今でもそうだと思いますが、証券監視委が課徴金勧告をする場合、委員会を開催して勧告を決議するとその日の夕刻に担当課長が記者たちに事案説明や質疑応答をするいわゆる記者レクが行われます。記者レクに向けて万全の想定問答を作成して準備しておくのが課長補佐をはじめとする事務方の重要な役目ですが、やはり現場では課長の個人技で切り抜ける場面も多くなります。

　最近、民事裁判の判決が出たことで話題になったエフオーアイ事件が表面化して世間を賑わしていたのとちょうど同じ頃、証券監視委は開示検査で摘発したシニアコミュニケーション事件の課徴金勧告を行いました。どちらも経営者主導で上場前から粉飾を行っていたもので、監査法人を騙すためにあらゆる手を尽くして隠蔽工作を行っていた極めて悪質な事案です。

　当時のA課長が記者レクで事案説明をした後の質疑応答では、ある記者さんから「最近のエフオーアイ事件は犯則事案として刑事告発していますが、本件はなぜ犯則ではなく課徴金で処理されたのでしょうか？」との質問が投げかけられました。我々が作った想定問答では、粉飾の規模や期間などを考慮して事案に応じて適切な処分をしましたといった型通りの回答を用意していましたが、記者さんにとっては結局何がポイントなのかわかりにくい回答となってしまうことは容易に想像できました。さて、A課長がこの質問にどのように答えるのか固唾を飲んで見守っていると、「皆さん、確かに1期だけの売上の過大計上額だけをみると同じような規模の粉飾事案にみえますが、粉飾が継続している期間を全体でみると本件は売上の先行計上の割合が高いのに対し、エフオーアイは全部架空売上、つまり真水の粉飾なんですよ。そこが大きく違いますね」とのまさに的確なご説明。記者からそれ以上の追及がなかったことはいうまでもありません。

　筆者が証券監視委に勤務していた期間中、行政官幹部の問題点に対する飲み込みの速さと行政判断を下す反射神経の良さには驚かされることが多々ありましたが、A課長もそのような行政官の一人でした。

Question 008
開示検査の歴史と運用実績

 開示検査の歴史とこれまでの運用実績を教えてください

開示検査は平成17年から運用を開始し、大型事件を摘発するなどして着実に事案処理の実績を積み重ねてきました。課徴金勧告の件数は、直近10年間では年間10件程度となっていますが、ここ数年は減少傾向にあります。

Commentary ▶▶▶

1 開示検査の歴史

　開示検査は平成16年証券取引法改正で課徴金制度が導入されたことを契機に運用が開始されました。その後、証券監視委は、迅速性・効率性を重視した市場監視ツールとして課徴金制度を積極的に活用し、オリンパス事件や東芝事件など社会の耳目を集める事件を処理して着実に事案処理の実績を積み重ねてきました。

　次の【表】は、開示検査の歴史を簡単にまとめたものです。

開示検査の歴史（平成17年～28年）

年　月	組織改正・処理事案等
平成17年 4 月	平成16年改正証券取引法の施行により有価証券届出書等の発行開示書類の虚偽記載に対する課徴金制度の導入 証券監視委の総務検査課に課徴金調査・有価証券報告書等検査室を設置
平成17年 7 月	開示検査に係る権限が関東財務局から証券監視委に移管
平成17年12月	改正証券取引法の施行により継続開示書類の虚偽記載が新たに課徴金対象として追加
平成18年 7 月	証券監視委の課徴金調査・有価証券報告書等検査室が課徴金・開示検査課に改組
平成18年11月	開示規制違反の課徴金第 1 号事案として東日本ハウスに対する課徴金200万円の勧告（退職給付債務の算定誤りによる退職給付引当金の過少計上）
平成18年12月	日興コーディアルグループに対する課徴金 5 億円の勧告（完全子会社が買収目的SPCを連結の範囲から除外し、当該完全子会社が保有する当該SPC発行の他社株償還特約付社債券の発行日を偽るなどしてその評価益を過大計上）
平成19年 7 月	佐渡賢一氏が証券監視委の委員長に就任
平成19年12月	三洋電機に対する課徴金830万円の勧告（連結財務諸表は米国基準で作成されていたが、日本基準で作成された単体財務諸表の関係会社株式の減損不足等により関係会社株式を過大計上）
平成20年 6 月	IHIに対する課徴金15.9億円の勧告（工事進行基準を適用する工事の工事進捗率を操作したことによる売上の過大計上及び売上原価の過少計上）
平成20年12月	平成20年改正金商法の施行により、課徴金の引き上げ、課徴金減算・加算制度の導入、除斥期間を 3 年から 5 年に延長
平成21年 6 月	ビックカメラに対する課徴金2.5億円の勧告（SPCを活用した不動産流動化スキームを利用して本来計上できない匿名組合清算配当金を特別利益として計上） 同社前代表取締役に対する課徴金勧告（株式の売出しに係る目論見書の虚偽記載で勧告されたが審判手続で違反事実なしと認定）
平成22年 6 月	日本ビクターに対する課徴金約 7 億円の勧告（海外販売子会社の在庫補償・営業関係費の未処理）及びJVC・ケンウッド・ホールディングスに対する課徴金8.3億円の勧告（共同株式移転によ

		る持ち株会社の設立直後に粉飾された日本ビクターの純資産を過大計上して負ののれんの償却費を過大計上） ※JVC・ケンウッド・ホールディングスは発行開示書類の虚偽記載の課徴金算定を審判と裁判で争ったが敗訴
平成22年 9月		シニアコミュニケーションに対する課徴金5049万円の勧告（上場前からの経営陣の主導による売上の前倒し計上等） 同社役員3名に対する課徴金224万円、224万円、142万円の勧告（株式の売出しに係る目論見書の虚偽記載）
平成23年 7月		課徴金・開示検査課から開示検査を行う機構を開示検査課として独立
平成24年 4月		オリンパスに対する課徴金約1.9億円の勧告（含み損を抱える運用資産等を飛ばした簿外ファンドの連結外しとM&AのFA報酬等の名目の支出で解消して資産性のないのれんを過大計上） ※刑事事件の罰金との調整により刑事裁判確定後に課徴金が一部取消し
平成25年 4月		沖電気工業に対する課徴金1680万円の勧告（スペインの販売子会社における架空売上の計上等）
平成25年 8月		「開示検査に関する基本指針」の適用開始
平成25年 9月		平成24年改正金商法の施行により、虚偽開示書類等の提出を容易にすべき行為又は唆す行為を新たに課徴金対象に追加
平成26年 3月		リソー教育に対する課徴金約4.1億円の勧告（未実施の授業数に対応する入金分を前受金ではなく売上として過大計上）
平成27年12月		東芝に対する課徴金約73.7億円の勧告（工事進行基準適用案件における工事損失引当金の過少計上等）
平成28年12月		長谷川充弘氏が証券監視委の委員長に就任

2 開示検査の運用実績

　次の【表】は平成28年事業年度までの過去10年間の不公正取引と開示規制違反の勧告件数をまとめたものです。

　開示検査による課徴金勧告は過去10年間で100件程度、年間平均は約10件程度となりますが、ここ数年間は減少傾向にあることがわかります。特に東芝事件以降は大規模上場会社に対する継続的な監視に開示検査のリソース

を重点配分したことが影響している可能性があります（Question029参照）。

勧告件数（平成19年度～28年度）

年　度	19	20	21	22	23	24	25	26	27	28	合計
不公正取引	21	20	43	26	18	32	42	42	35	51	330
開示規制違反	10	12	10	19	11	9	9	8	6	5	99

（出所）「証券取引等監視委員会の活動状況」（平成29年8月）等

Question 009
開示検査の当初の運用

Q 運用開始当初の開示検査の運用にはどのような特徴がありましたか

nswer

開示検査に限らず、取引調査も含め、証券監視委は、形式的に課徴金規定の要件を充たせば課徴金勧告を行う制度設計に比較的忠実な運用を行っていました。

Commentary ▶▶▶

　金商法上の課徴金は「制裁」ではなく、規制の実効性を確保するための行政上の措置であることから理論的に責任非難を考慮する必要はなく、刑法38条1項のような故意犯処罰の原則のような故意は不要と解されています。また、課徴金納付命令を規定した金商法の条文は「内閣総理大臣は、…命じなければならない」とあることから（同法172条等）、課徴金制度は、課徴金納付命令を発するか否かについて行政庁に裁量はないという前提で制度設計されています。

　開示検査の運用開始後の初期はこうした制度設計に比較的忠実な、ある意味で硬直的ともいえる運用が行われていたことがうかがわれます。開示規制違反の課徴金の第1号事案である東日本ハウス事件はまさにそうした開示検査の運用初期の代表的な事案といえます。この事案は退職給付制度の改訂の際に退職給付債務の数理計算業務を委託していた信託銀行に提出した基礎

データの一部に誤りがあったことから退職給付引当金が過少計上されたというもので、意図性のない誤謬に基づく重要な虚偽表示の事案です。もちろん、重要な事項につき虚偽の記載のある開示書類を提出したという課徴金規定の要件は充たすことから証券監視委が課徴金勧告を行ったことについて法的に全く問題はありませんが、行政処分までする必要がある事案なのか疑問を抱いた関係者も少なくなかったようです。

　こうした制度設計に忠実な運用は開示検査に限らず、インサイダー取引や相場操縦などの不公正取引を対象とする取引調査でもみられたようです。投資判断に影響のない休眠子会社の解散の公表前に自社株買いを行った、いわゆる**うっかりインサイダー取引**に対して証券監視委が課徴金勧告した小松製作所事件は、インサイダー取引規制の怖さを世に知らしめるとともに証券監視委の知名度を向上させた点で大きな効果がありましたが、悪質性の乏しい事案に対する摘発は自社株買いなどの株式取引を過度に委縮させるという批判的な評価もあったようです。

　こうした事例は、証券監視委が課徴金制度の運用を手探りで試行錯誤していた時代の産物ともいえそうです。

Question 010
開示検査の運用の変化

Q 運用実績の積み重ねにより開示検査の運用に変化はみられましたか

nswer

財務諸表の虚偽表示の意図性、事案の悪質性や自浄作用の発揮といった要素を考慮して行政処分に値する事案を選別して課徴金勧告を行う運用に変化しています。

Commentary ▶▶▶

1 行政処分に値する事案を選別する運用へのシフト

　運用実績を積み重ねることにより、開示検査の運用は、課徴金規定の形式的要件を充足すれば課徴金勧告を行う制度設計に忠実な運用から、行政処分に値する事案を選別して処理する運用にシフトしてきたように思います。

　筆者が証券監視委の開示検査に従事していた平成22年から25年の時期は既にこうした課徴金事案を選別する運用が定着しつつあり、証券監視委として課徴金勧告を行うためには、単に開示書類に重要な虚偽記載があったという事実だけでは足りず、行政処分を行うことを正当化するだけの事実関係や事象が必要とされたように思います。

　あくまでも筆者の実務経験による個人的な見解ですが、行政処分を正当化する事実関係や事象の例としては次のような要素が考えられます。

2 財務諸表の虚偽表示の意図性の有無

　Question009で解説したように、課徴金納付命令は行政処分であり、故意を要しないという制度設計になっていますが、開示検査に従事する行政官の実務感覚としては実質的に制裁と同様の機能を果たしており、開示規制違反で課徴金納付命令を課すという行政判断を行うにあたっては、**行政処分を正当化する要素として財務諸表の虚偽表示に意図性があったか否かが重要なポイントの一つ**となります。

　ここでいう意図性とは、財務諸表監査の領域でいう「不正な財務報告」と認められる程度に意図的といえるか、法律的にいえば「確定的故意」又は「未必の故意」と認められる程度の事実の認識・認容があるかという論点に似た判断です。経営者の認識や関与があったか否かもこうした意図性に関係して重視されます。

　ただし、あくまで行政判断の問題なので法律論ほど厳密なものではなく、ときには財務諸表監査では意図性のない「誤謬」といえるものであっても法律的な意味の「重過失」といわれる重度な不注意があれば行政処分が正当化される方向にも働くという意味で、ある程度柔軟性のある判断要素といえそうです。

3 事案の悪質性の有無

　開示検査で直面する事案のなかには、開示規制に違反したか否か、すなわち開示書類の虚偽記載といえるか否かの認定が会計基準の法規範としての拘束力の有無や規範としての明確性の有無の観点から非常に悩ましいものもあります。要するに白黒がはっきりしない会計問題について、訴訟リスクを負ってまで行政処分をする必要があるのかどうかという行政判断が問題となり得るケースですが、そのような場合、**恣意的な手口や監査法人に対する隠**

蔽工作があれば行政処分を行う方向に傾くポイントとなります。例えば、日興コーディアルグループ事件は、買収目的のSPCを連結範囲に含めるべきか否かという深淵な会計論点がある事案でしたが、課徴金勧告を行う行政判断の決定打となったのは他社株償還特約付社債券の評価益を計上するために取締役会議事録をバックデートさせて発行日を偽ったという点にあったのではないかといわれています。

監査法人に対する隠蔽工作が認められる事案では上記2の意図性に加えて悪質性も認められるのは自明ですが、逆に企業が事実関係を偽らずに監査法人に伝えて助言を得て会計処理を行っていたところ、その会計処理に問題があったような事案ではこの意図性・悪質性といった部分で企業に対して行政処分まで行うべきか否か悩ましい判断に直面することになります。

4 自浄作用の発揮の有無

企業のコーポレート・ガバナンス、内部統制あるいは監査法人による外部監査が機能したことにより会計不祥事が発覚して過年度の開示書類の自主的な訂正に至ったのか、それとも証券監視委の開示検査やその他の当局の調査・捜査によって発覚したのかという点は本来課徴金の成立要件とは何ら関係のない要素です。

実際、開示検査の運用開始当初は証券監視委が自ら会計不祥事を発見するノウハウが乏しかったこともあったためか、自浄作用を発揮して過年度の開示書類を自主的に訂正した上場会社に対し、証券監視委が後追い的に開示検査に着手した上、訂正前の開示書類の重要な虚偽記載を認定して課徴金勧告を行う事案が摘発件数の大部分を占めていた時代もあったようです。

しかし、筆者が証券監視委で開示検査に従事した平成22年頃の金融庁と証券監視委の幹部には、企業が自浄作用を発揮して自発的に過年度訂正した**いわゆる自主訂正事案に対して追い打ち的に課徴金納付命令を行う運用では上場会社が自浄作用を発揮するインセンティブを削ぐ結果になる**という感覚

が既に醸成されており、自浄作用の欠如がみられる事案を積極的に摘発する方向性を重視していました。こうした運用方針の変化により、**自主訂正事案よりも開示検査が端緒になって会計不祥事が発覚するいわゆる発掘事案が次第に増加していく流れ**があったように思います。

とはいえ、証券監視委の開示検査の着手前に上場会社が自発的に過年度の開示書類を訂正した場合であっても、そのきっかけが例えば税務調査での指摘だったような場合、当然、自浄作用の発揮とは言い難いので開示検査に着手して課徴金勧告を躊躇することはあまりなさそうです。

ただし、これもあくまで行政判断の一要素に過ぎないのでそれほど厳密なものではありません。上場会社が自ら会計不祥事の疑義を把握して第三者委員会を設置するなどして自浄作用の発揮による自発的な過年度訂正を行った事案であっても市場への影響が大きく、行政当局による早期の実態把握や訂正内容の妥当性の検証が必要な場合は開示検査に着手して課徴金勧告をするケースもあり得ます。後に説明するオリンパス事件はまさにそのような事案の代表例です（Question023参照）。

Question 011
開示検査と行政庁の裁量

Q 行政処分に値する事案を選別する開示検査の運用は、行政庁に裁量がないという課徴金制度の制度設計との関係ではどのように整理されていますか

Answer

現段階の整理は明らかではありませんが、金融庁設置法20条１項により証券監視委の行政処分勧告に裁量があることを根拠にする余地はあります。上場会社に自浄作用の発揮を促すインセンティブを付与するためには運用方針を明確にすることも検討の余地があります。

Commentary ▶▶▶

　行政処分に値する事案を選別する開示検査の運用について証券監視委が対外的に明らかにしたものはなく、行政庁に裁量がないという課徴金制度の制度設計との関係がどのように整理されているのかは必ずしも判然としません。

　ただし、証券監視委の事務局長経験者が自身の著書で、**課徴金規定の条文上、金融庁には課徴金納付命令を課すか否かの裁量は否定される一方、証券監視委の行政処分勧告は金融庁設置法20条１項により裁量がある**ことを根拠に摘発価値のないインサイダー取引を課徴金対象としない運用を示唆しており（大森泰人『霞ヶ関から眺める証券市場の風景―再び、金融システムを考え

る―』(金融財政事情研究会・2015年)75頁)、これは開示検査にも妥当する議論だと思われます。

　また、開示検査の場合には検査に着手するか否かの判断の時点で上場会社の適時開示等の情報によりある程度事案の概要が把握できるケースがあり、行政処分に値しない事案であることが相当程度の確度で事前に予測できる場合にはあえて検査に着手しないという検査の入口での行政判断もありそうです。

　インサイダー取引については、平成26年に金融庁と証券監視委は、「インサイダー取引規制に関するQ&A」に問3を追加し、自社や取引先の未公表の重要事実を知っている上場会社の役職員が、それらの会社の株式を売買した場合であったとしても、取引の経緯等から重要事実を知ったことと無関係に行われたことが明らかであれば、インサイダー取引規制違反として課徴金納付命令等の対象とされることにはならないものと考えられるとしています。インサイダー取引規制違反にはならないとはいわずにインサイダー取引規制違反として課徴金納付命令等の対象とされないといっているのは、形式上課徴金規定に該当する場合であっても取引の委縮効果等を考慮して摘発しない運用方針を明確にしている趣旨と考えられます。

　開示検査ではこうした運用方針を明確化したガイドラインのようなものは現段階では策定されていませんが、上場会社に自浄作用の発揮のインセンティブを与える観点からは現行の課徴金減算制度では不十分であり(Question005参照)、**開示検査の運用方針としても明確化したほうが上場会社の内部管理体制の強化を促進する効果も期待できる**と考えられ、今後の重要な検討課題といえそうです。

Question 012
具体的な検査手続の理解

Q 開示検査で具体的に実施される手続について理解する方法はありますか

Answer

平成25年8月に証券監視委が開示検査基本指針を公表しており、開示検査の基本的考え方や上場会社に対する標準的な実施手続等を理解することができます。

Commentary ▶▶▶

1 開示検査基本指針の導入の経緯

　Question008で解説したとおり、証券監視委による開示検査は、平成16年証券取引法改正（平成17年施行）による課徴金制度の導入を契機に運用を開始しており、事案処理の実績を着実に積み重ねて実務でも定着してきました。しかし、監督型の行政より摘発型の行政を志向して検察庁からの出向検事が検査を指導してきた影響もあったためか、その検査手続については刑事事件における捜査の密行性の考慮と同様にブラックボックス化していた面がありました。
　しかし、同じく行政上の検査権限に基づいて証券会社等に実施する証券検査では従来から証券検査基本指針（平成29年4月3日付名称変更後の「証券モニタリング基本指針」）が公表されていたことに加え、刑事司法での取調べの

録音・録画による可視化の動きなど司法や行政の手続一般に対する透明性を求める声が高まっていました。

　こうした動向を踏まえ、開示検査の基本的考え方とともに、少なくとも検査の実績が蓄積されていた上場会社に対する開示検査の標準的な実施手続等を明らかにするために平成25年8月に公表されたのが開示検査基本指針です。

　特に上場会社を検査対象とする開示検査についてはその透明性を求める経済界の要請が高まる事態が早晩想定され、透明性を高める必要が高かったものですが、インサイダー取引や相場操縦等の不公正取引の課徴金事案を対象とする取引調査も同様の問題があったため、開示検査と同じタイミングで基本指針が策定されています。

2 開示検査基本指針の内容

　開示検査基本指針は、「Ⅰ　基本的考え方」「Ⅱ　開示検査等の実施手続等」「Ⅲ　その他」で構成されており、Ⅱにおいて、**手続の透明性及び検査対象先の予見可能性を高め、調査にあたっての検査対象先の協力を促すことで、より円滑かつ効果的な調査が実施されることをねらい**として、開示検査の基本となる上場会社に対する標準的な実施手続等が示されています。

Question 013
開示検査の目的

Q 開示検査はどのような目的で実施されるのですか

Answer
開示検査は課徴金を課すことを目的とするものではなく、正確な企業情報の迅速かつ公平な市場への開示を確保すること、開示規制の違反行為を適切に抑止することを目的としています。

Commentary ▶▶▶

1 開示検査の目的

　開示検査基本指針では、開示検査の目的として、①正確な企業情報が迅速かつ公平に市場に提供されるようにすること、②開示規制の違反行為を適切に抑止することの2点が挙げられています（同指針Ⅰ、1）。

　これだけをみると当たり前のことが記載されているようにも読めますが、開示規制の実効性を確保することによって投資者保護を実現するという行政目的を最優先にするという考え方が示されている点が大変重要なポイントです。証券監視委による開示検査が課徴金制度の創設を契機に運用が開始されたことや、犯則調査では金融商品・取引の公正を害する悪質な行為の真相を解明することによる刑事責任の追及が目的とされていることとの平仄からすれば、開示検査の目的もあくまで課徴金納付命令勧告を行うことにあるとい

う考え方もあり得ます。

　しかし、課徴金は規制の実効性を確保するための行政上の措置であり、刑事罰のような制裁ではありません。また、刑事責任の追及を目的とする犯則調査は、ある意味「過去」の違法行為について関与者に相応の責任を負担させて社会的正義を実現するための調査といえますが、開示検査の場合、「現在」の投資者に対して正確な企業情報の迅速・公平な開示が行われることを何よりも優先するとともに、「将来」の投資者のために開示規制の違反行為を抑止することを目的としています。犯則調査も開示検査も大きな意味で市場規律の維持に貢献しているわけですが、**開示検査の場合は「現在」と「将来」の投資者保護という行政目的の達成にフォーカスしている点が特徴として指摘できます。**

　以下では開示検査の2つの目的が実際にどのような形で実務的に運用されているのかについて解説します。

2 正確な企業情報の迅速・公平な開示

　金商法上の開示規制は投資者の投資判断に資する情報を企業が自主的に開示することを前提にしています。とりわけ、近時の財務諸表は貸倒引当金、固定資産の減損や繰延税金資産の回収可能性など財務諸表の作成者である経営者の見積りが必要となる項目が増加しており、経営者の主観的判断を離れて当局があるべき見積りを客観的かつ一義的に認定するのは容易ではありません。

　そこで、開示検査では問題のある会計処理を発見した場合でもまずは企業が自ら実態を解明して必要に応じて過年度の決算を訂正し、独立した監査法人の監査証明を得て自発的に過年度の開示書類を訂正開示することによって正確な企業情報の迅速・公平な開示を実現することを期待しています。開示検査基本指針で、「法令違反が疑われる事項がある開示書類について訂正報告書等が提出されていない場合は、訂正報告書等の自発的提出の必要性に関

する検査対象先の意見又は主張を十分聴取する」(同指針Ⅱ、1－2(3)③)と規定されているのは、**当局が安易に訂正命令といった行政処分を発動するのではなく、まずもって企業側の自発的訂正を促すためのプロセス**と考えられます。また、同様に、開示検査基本指針で、検査対象先が設置した外部調査委員会の調査資料や調査結果等を開示検査の事実認定の判断材料とすることができると規定(同指針Ⅱ、1－2(3)②)しているのも企業の自浄作用の発揮による自発的な訂正に向けたプロセスを尊重する趣旨といえそうです。

しかし、企業による自発的訂正に向けたプロセスに期待しても正確な企業情報の迅速・公平な開示を実現できない場合、証券監視委が訂正命令勧告を行うことによってこれを実現するケースがあります。証券監視委が平成25年12月4日に課徴金勧告と訂正命令勧告を行った日本エル・シー・エーホールディングス事件はまさにそのような事例です。すなわち、開示検査の着手後、相当な期間を経過しましたが、その間、第三者委員会の設置や開示検査に対しても消極的な対応を示し、その後、有価証券報告書等の自主訂正等を慫慂されるや突然第三者委員会を設置して事実関係の調査を行う意向を初めて表明したという経緯があり、第三者委員会の結論を待っていては速やかな開示書類の訂正等が行われないおそれがあったことから第三者委員会の結論を待たずに訂正命令等を勧告するに至ったようです(松重友啓「3．証券取引等監視委員会からの寄稿」東京証券取引所 CLUB CABU News 3369号)。

したがって、開示検査への対応としては、お上の沙汰を待つような受け身の姿勢は禁物であり、開示した内容に問題があればその実態を解明して過年度訂正の必要性を判断する自発的な対応が重要となるとともに、そのような対応のスケジュール感についてもどの程度早期に情報開示ができるかという観点から開示検査で着目される極めて重要なポイントとなります。

3 開示規制の違反行為の抑止

刑事罰の場合、犯罪の軽重に応じた罰則を科すことにより将来の同種犯罪

の抑止効果が期待されます。他方、課徴金は制裁ではありませんが、規制の実効性を確保するために金銭上の負担を求める行政上の措置であり、将来の開示規制違反の抑止効果があることは否定できません。

　課徴金自体による抑止効果を目指すのであれば課徴金勧告に値する重要な虚偽記載を発見して次々と課徴金勧告を行った上、内部管理体制の改善については金融商品取引所・自主規制法人の上場管理に委ねる運用が合理的です。しかし、**開示検査では検査の過程における企業とのコミュニケーションを通じて企業の内部管理体制等の改善を促す方法による開示規制違反の抑止効果を狙った運用を行っています**。例えば、開示検査の過程で金商法26条に基づく報告徴取命令により企業が報告を求められることがありますが、報告項目のなかには内部管理体制の問題点や改善策等に関するものも含まれるのが一般的です。

　また、開示書類に虚偽記載があっても重要性がなければ課徴金納付命令勧告等の対象とはなりませんが、開示検査ではそのような場合でも自発的な訂正を促しており、証券監視委が毎年度公表する活動状況でもそのような自発的訂正を促した件数も開示検査の実績として公表されています。こうした取組みも開示検査では課徴金に依存した開示規制違反の抑止効果を考えているわけではないことの証左といえそうです。開示検査の対象となる上場会社は課徴金納付命令後も継続企業として存続して開示を継続することが多いことからすると、単に課徴金という金銭的負担を課すことによる抑止効果に頼ることなく、企業の内部管理体制等の改善を求める運用は合理的といえます。

　東芝事件後の開示検査の運用の変化として根本原因の究明が重要視される傾向がありますが、その目的も開示規制の違反行為の抑止にあると考えられます（Question029参照）。

Question 014
開示検査の対象選定

Q 開示検査の対象となる上場会社はどのように選定されますか

Answer

開示検査基本指針では具体的な選定の手法や着眼点は明らかにされていませんが、実務的には、財務分析や銀行調査、内部通報等により端緒を把握して重要な虚偽記載が想定される開示書類を提出した企業を検査対象としています。ただし、実際に開示検査に着手するか否かやそのタイミングについては必要性と緊急性を考慮して判断されます。

Commentary ▶▶▶

1 検査対象先の選定

　開示検査基本指針は、各種開示書類、関係政府機関等が把握した情報、一般投資家等から寄せられた情報、公益通報等の幅広く収集された情報を様々な角度で分析して開示検査の実施の必要性を検討すると一般的な規定をしています（同指針Ⅰ、1-1）。しかし、検査対象先の選定にあたっての具体的な手法や着眼点については明らかにしていません。

　しかし、実務的には概ね次の【表】のような方法で事案の端緒を把握し、想定される不適正な会計処理やそれを訂正した場合の影響額等を考慮して重

検査対象先の選定の端緒と着眼点

端　緒	着眼点
財務分析	不良資産の存在をうかがわせる特定の資産項目の回転率の上昇等による異常点の検出により、粉飾の兆候を把握
監査法人の異動	特定の会計処理を巡る会社と監査法人の見解の対立の可能性
巨額の特別損失の計上	粉飾による不良資産が一括処理され、本来過年度に帰属すべき損失の計上を回避した疑い
内部通報	内部者でしか知り得ない情報や証拠が含まれているか
銀行調査	会社を起点とした資金循環や会社から特定の個人名義の銀行口座への不自然な資金の流れを把握
新聞報道、経済誌等	不適正な会計処理をうかがわせる情報の把握
財務局、金融商品取引所・自主規制法人等からの情報提供	開示書類の審査や上場管理の過程で注目された要注意銘柄を把握

要な虚偽記載等のある開示書類の提出が疑われる上場会社を検査対象として選定しているケースが多いのではないかと思われます。

　端緒を把握するためのこうした様々な方法のうち、**循環取引や架空売上の計上など悪質性の高い会計不祥事を発見するために最も効果的な手法は銀行調査**です。循環取引であれば会社を起点とした資金の循環が明らかとなり、架空売上の計上では、売掛金の回収偽装として会社の役職員やその周辺者の個人名義の銀行口座から会社への送金が明らかになることもあり、これらは極めて確度の高い端緒となります。

　会計不祥事に限らず、不正調査の基本はヒト、モノ、カネの動きを把握することにあると一般的にいわれますが、監査法人が財務諸表監査で不正の疑義を把握しても資金の流れを把握することができないことにより真相に迫れないケースが多いことを考えると、銀行調査はまさに当局だけが駆使することができる強力な調査手法といえます。開示検査では、従来、国税局からの出向職員を中心に銀行調査を有効活用していましたが、最近の課徴金勧告で

は、銀行調査を端緒としているとうかがわれる循環取引や架空売上の摘発事例が減少している印象を受け、若干懸念されるところです。

また、内部通報も大型事件の摘発に結びつくことが多く、特に従業員の企業への帰属意識が薄れつつあるなか、今後も内部通報を端緒とした摘発の増加が予想されます。

2 開示検査に着手する必要性や緊急性の判断

　企業が提出済みの開示書類に重要な虚偽記載が想定される場合であっても、それだけで直ちに開示検査に着手するということではなく、一般的には企業の置かれた状況や想定される虚偽記載の性質などを踏まえた開示検査に着手する必要性や緊急性も行政判断の重要な要素となっているように思われます。

●●●　(1)　開示検査に着手する必要性　●●●

　Question013で解説したとおり、開示検査は正確な企業情報の迅速・公平な開示と開示規制の違反行為の抑止という行政目的を達成することによる「現在」と「将来」の投資者保護をミッションとしています。その観点からは、例えば、提出済みの開示書類に重要な虚偽記載が想定される場合であっても**検査着手時点で既に上場廃止となっており、市場に対する影響が乏しい事案**や**検査着手時点で既に破綻しており、そもそも継続企業を前提とした財務諸表を開示させる必要がない事案**では開示検査に着手する必要性はそれほど高くはないといえそうです。

　このような場合は市場の問題としては既に終わっていることから「現在」と「将来」の投資者保護の観点から開示行政が介入する必要性は乏しく、むしろ「過去」の虚偽記載による刑事責任の追及を目的とする犯則調査のほうが適切なケースが多いといえそうです。

●●● (2) 開示検査に着手する緊急性 ●●●

　重要な虚偽記載が想定され、開示検査の必要性が肯定される場合であっても直ちに検査に着手するべきかという緊急性の判断は別個必要となります。

　例えば、企業が自ら第三者委員会や社内調査委員会を設置して調査を開始しており、自浄作用の発揮による自発的訂正に向けたプロセスを開始している場合、当該企業と監査法人の判断に影響を与えることを避けるためにその時点で直ちに開示検査に着手することは避け、調査結果を受けた企業の過年度訂正後のタイミングに訂正開示の妥当性を事後的に検証する目的で検査に着手することがあります。

　また、足元の財務諸表には影響がないものの、損失の期間帰属が問題となるいわゆる期ズレの事案では、少なくとも既に足元の純資産には影響が反映されており、「現在」の投資者に開示された財務情報の純資産は正確なのでそれほど緊急性は高くないという判断に傾く可能性が考えられます。ただし、これもあくまでも一般論であり、売上の前倒し計上を行って粉飾した財務諸表を参照した有価証券届出書を使って資金調達を行っているような事案では、単なる期間帰属の問題として片付けられない悪質性があるため、開示検査の着手に傾くケースも想定されます。

　他方、市場が既に認識している損失の期間帰属の問題ではなく、本来計上すべき損失を過少計上した決算発表をしようとしている旨の確度の高い内部通報が届いている場合などは市場が織り込んでいない損失に関する情報であり、そのまま放置すると誤った企業情報が開示される蓋然性が高いので早期に開示検査に着手する緊急性が高いと判断されるケースが多いといえそうです。

Question 015
開示検査で実施される手続

 開示検査ではどのような手続が実施されますか

nswer

報告・資料の徴取と立入検査に加え、開示書類の自発的訂正の必要性に関する意見等の聴取、監査法人に対する意見等の聴取、さらには検査対象先の役職員等の個人に対する質問調査が実施される場合もあります。

Commentary ▶▶▶

　開示検査基本指針では、開示検査の具体的な手続として、①報告又は資料の徴取と、②立入検査について規定しています（同指針Ⅱ、1、1－2(1)(2)）。
　加えて、法令違反が疑われる事項がある未訂正の開示書類について自発的な訂正の必要性に関する意見又は主張の聴取、さらには、検査対象先の監査法人に対する意見等の聴取といった手続があることも開示検査基本指針の規定からうかがえます。
　他方、実務的には事実関係の確認のために検査対象先の役職員等の個人に対して質問する質問調査も開示検査の手続として行われていますが、開示検査基本指針には質問調査の手続のことが何ら規定されていません。これはインサイダー取引等の不公正取引を対象とする取引調査の根拠規定である金商

法177条には質問権が明記されている一方、上場会社に対する開示検査の根拠規定である同法26条には質問権が明記されていないことに起因するものと思われますが、**同条の報告・資料徴取の権限に当然含まれると整理しているのであれば、開示検査基本指針にも質問調書の作成に係る手続や休憩時間の確保など具体的な留意事項等を規定すべき**であり、改善の余地があるといえそうです。

Question 016
立入検査

Q 立入検査は無予告で行われるのですか

Answer
原則として予告されますが、予告によって協力者との口裏合わせや証拠隠滅を誘発して実態把握が困難となる事案では例外的に無予告の検査が行われます。

Commentary ▶▶▶

1 予告検査の原則

　開示検査基本指針では、「検査の効率性の観点から、原則として検査対象先に対して立入開始前に予告を行う」と規定されており、開示検査での立入検査は原則として予告される運用となっています（同指針Ⅱ、1、1－2(2)①）。
　貸倒引当金の過少計上や減損損失の不計上等の会計上の見積りに関連する会計不祥事が問題となる場合、財務諸表の作成者である経営者の主観的判断の内容と根拠等の情報を収集する必要があります。また、開示検査の目的の一つである開示規制違反の適切な抑止を達成するためには、企業の内部管理体制やコーポレート・ガバナンスの状況等についても情報収集する必要があります。

これらは無予告の立入検査では担当者の不在や準備不足等により目的を達成できない可能性が高く、企業側の協力を得て担当者の説明を受けながら実施するのが効率的です。こうした観点から開示検査では立入検査にあたって事前予告する運用が行われていると考えられます。

2 無予告検査が行われる場合

開示検査基本指針の立入検査の予告に関する上記規定では、「ただし、実効性のある実態把握の確保の観点から、必要と認める場合には、無予告で立入検査を実施することができる」と規定されています（同指針Ⅱ、1、1－2(2)①ただし書き）。

企業側の協力による検査の効率化を前提とした予告検査を原則としながらも無予告検査の実施可能性を規定しているのは、**検査の予告によってかえって協力者との口裏合わせや証拠隠滅を誘発して実態把握が困難となるケースを想定**したものです。銀行調査によって企業を起点とする資金循環が把握されていて外部協力者との共謀による架空循環取引が疑われる場合が典型的なケースです。

Question 017
開示検査と監査法人

Q 開示検査では、開示書類の提出者である上場会社の財務諸表監査を行っている監査法人も検査の対象となりますか

Answer

監査法人は開示書類の提出者ではありませんが、開示検査が想定している不適正な会計処理が行われた取引について監査時に把握していた事実関係や会社側の説明内容、監査意見の形成過程等について聴取されるのが一般的です。

Commentary ▶▶▶

1 開示検査における監査法人の立場

　上場会社に対する開示検査の根拠規定である金商法26条は、開示書類の提出者だけではなく、「有価証券の引受人その他の関係者若しくは参考人」に対しても権限行使ができる旨を規定しています。
　したがって、上場会社の財務諸表監査を行う監査法人については、開示書類の提出者ではありませんが、公益又は投資者保護のため必要かつ適当であると認めるときは、開示検査の権限行使の対象となります。

2 開示検査基本指針の規定

　開示検査基本指針では、「調査官は、開示検査の過程において、開示書類の重要な事項につき虚偽の記載等の法令違反が疑われる事項を把握した場合には、必要な証拠の収集・保全を行った上で、検査対象先にその事項について十分な説明を求め、その意見又は主張を十分聴取して内容等を整理し、的確な事実認定を行う」と規定し、そのなお書きとして、「調査官は、開示検査の必要に応じ、検査対象先の監査人（公認会計士又は監査人をいう。以下同じ。）の意見等を聴取する」と規定しています（同指針Ⅱ、1、1−2(3)①）。

　ここでは「開示検査の必要に応じ」と規定するのみで、具体的にどのような場合に監査法人からの意見等の聴取が必要となるのか定かではありません。しかし、証券監視委が開示検査に着手する場合、具体的な取引について何らかの不適正な会計処理を想定しているのが通常であり、そのような**取引について監査法人が監査時に把握していた事実関係や会社側の説明内容、監査意見の形成過程等は開示検査にとって極めて重要な情報**といえます。

　したがって、財務情報の虚偽記載の有無が問題となるケースでは、ほとんどの場合、「開示検査の必要」があるとして監査法人からの意見等の聴取が行われると考えてよいでしょう。

　ただし、開示検査は、不適正な会計処理が疑われる期間の特定の開示書類を対象として実施されることから、必ずしも現任の監査法人が意見等の聴取の対象となるとは限りません。監査法人の異動前に提出された開示書類が検査対象となる場合には、当時監査を実施した前任の監査法人が意見等の聴取の対象となります。

　監査法人としては法令の権限に基づく検査を受けることになるため、会社側に守秘義務の解除を求める必要はありませんし、開示検査で意見等の聴取を受けた事実は会社に内密にするよう要請されることから、会社としては証券監視委が検査に着手した事実を監査法人経由で把握することは通常ないと考えられます。

Question 018
「重要な事項」と「虚偽の記載」の判断

Q 開示検査では、「重要な事項」と「虚偽の記載」の要件はどのようなプロセスで判断されていますか

Answer

刑事事件や民事事件と比較すると、開示検査では「重要な事項」、すなわち重要性の要件は行政処分の対象を選別する重要な機能があり、通常は虚偽記載の有無を判定してから投資者の投資判断に対する影響を考慮して重要性の有無を判断するプロセスで検査が行われています。

Commentary ▶▶▶

　開示検査の結果、課徴金納付命令を勧告する場合であっても訂正命令を勧告する場合であっても開示書類の「重要な事項」につき「虚偽の記載」があることが要件となります（金商法172条の4第1項、10条等）。
　金商法では、刑事罰や民事責任でも同様の文言が規定されていますが、いずれの場合も「重要な事項」とは、投資者の投資判断に影響を与えるような基本的事項、すなわち、その事項について真実の記載がなされれば投資者の投資判断が変わるような事項と一般的には解されています。
　実務上、犯則事件として処理される会計不祥事の事案では投資者の投資判断に影響を与える程度の虚偽記載があったことは自明であることが多く、最近増加している民事の証券訴訟の場合も先行して摘発された犯則事件や課徴

金事案について後追い的に訴訟提起されるケースが大半であるため、刑事裁判や民事裁判で「重要な事項」であることが否定された例はほぼ見当たらず、「虚偽の記載」の有無が裁判の重要な争点となることが一般的です。

　しかし、開示検査は、犯則事件にならない程度の会計不祥事に対して課徴金や訂正命令による行政的なエンフォースメントを実施することにより機動的な市場監視を行うことから、虚偽記載の有無のみならず、**行政処分に値する事案を選別する機能として、投資者の投資判断に対する影響を考慮した「重要な事項」への該当性、すなわち重要性の要件も重要な役割を果たします**。

　開示検査の実務上は、虚偽記載の有無を判定した後、虚偽記載が認められる場合には、それが投資者の投資判断に影響を与える程度の重要性があったのかという判断を行って、重要性があれば自発的訂正を促して課徴金納付命令を勧告する方向で事案処理を検討し、重要性がなければ課徴金勧告をせずに必要に応じて自発的訂正を促す方向で事案を処理するのが通常の流れだと思われます。

Question 019
虚偽記載の認定

Q 開示検査では、虚偽記載の認定はどのように行われていますか

Answer

非財務情報の虚偽記載など事実関係に関係するものは虚偽記載の認定がそれほど問題になることはありません。しかし、会計基準に反した会計処理に起因する財務情報の虚偽記載は認定が困難な場合があります。また、いわゆる逆粉飾については虚偽記載として扱われていないようです。

Commentary ▶▶▶

1 非財務情報についての虚偽記載

　非財務情報の虚偽記載が問題となる場合は客観的真実に反する記載がなされているという事実が認定できれば足りるため、虚偽記載を認定する上でそれほど難しい問題はありません。

2 財務情報についての虚偽記載

　財務情報の虚偽記載でも、架空売上の計上や在庫の過大計上など取引や実

物資産の実在性が否定されるような事実認定のみで決着がつくケースでは、それほど虚偽記載の認定が問題となることはありません。

しかし、会計基準に違反した会計処理に起因して財務諸表に生じた変動を虚偽記載と認定する場合には慎重な判断を要する場合があります。筆者の経験では、開示検査の現場で直面する大きな問題を大別すると、①会計基準の法的拘束力の有無、②会計基準がエンフォースメントを想定していない抽象的な規定となっている、あるいは経営者の見積りを前提とした規定となっているため当該規定を適用しても本来あるべき会計処理が必ずしも一義的に確定できない、という問題があるように思います。

●●● (1) 会計基準の法的拘束力の問題 ●●●

上記①については、金商法の規定により提出される財務諸表・連結財務諸表は、財務諸表規則・連結財務諸表規則で定める用語、様式及び作成方法により作成しなければならないとされ（同法193条）、財務諸表規則・連結財務諸表規則において定めのない事項については、「一般に公正妥当と認められる企業会計の基準」に従うものとされています（財務諸表規則1条1項、連結財務諸表規則1条1項）。そして、企業会計審議会や企業会計基準委員会が公表した企業会計の基準であれば、「一般に公正妥当と認められる企業会計の基準」として上場会社に対する法的拘束力があるのは明らかですが、日本公認会計士協会が公表している委員会報告など会員である公認会計士に対する拘束力はあるものの、上場会社に対する拘束力の有無が必ずしも明らかではないケースがあります。裁判では、特定の会計ルールが「公正ナル会計慣行」（旧商法32条2項）や「一般に公正妥当と認められる企業会計の慣行」（会社法431条）になっているか否かとして争点化することが多い論点です。証券監視委は、開示検査の権限を行使しますが、金商法の法令解釈や会計基準の解釈を行う権限はありません。したがって、開示行政を所管する金融庁や企業会計基準委員会、日本公認会計士協会からの意見聴取等により会計基準の解釈論や企業会計や監査の実務での取扱いの状況、開示行政での過去の

取扱いの状況等を踏まえたケースバイケースの判断になりますが、**日本公認会計士協会の委員会報告については監査実務を通じた慣行化により「一般に公正妥当と認められる企業会計の基準」として上場会社に対しても拘束力があるものと扱われることが多いように思われます**（Column「法律家を悩ます会計基準の法的拘束力―監査委員会報告第66号は憲法？―」7頁参照）。

(2) 抽象的な規定と見積りの問題

　他方、上記②については、まず、会計基準自体が厳密なエンフォースメントを想定した文言で必ずしも規定されておらず、裁判で争われた先例もほぼ見当たらないことが多いことから、開示検査としても虚偽記載の認定が困難なケースがあります。例えば、企業会計基準委員会が公表した「連結財務諸表に関する会計基準」の35項は連結会社相互間の取引高の相殺消去について規定しており、その注12として、「会社相互間取引が連結会社以外の企業を通じて行われている場合であっても、その取引が実質的に連結会社間の取引であることが明確であるときは、この取引を連結会社間の取引とみなして処理する」と規定していますが、「実質的に連結会社間取引であることが明確」とはどのような要件が充たされた場合か必ずしも判然としません。こうした抽象的な規定の適用につき開示検査と上場会社の間で意見が食い違った場合には、行政処分として訂正命令を視野に入れた対応が必要となるため、極めて難しい問題となりますが、開示検査では企業会計基準委員会や監査法人の意見等を聴取しながらより実態に即した開示を上場会社に求めていくアプローチが基本になると思われます（Question048参照）。

　次に、貸倒引当金や減損損失など経営者の見積りがないと本来行うべき適正な会計処理と数値が認定できないケースがあります。こうしたケースでは、見積りの根拠資料等を検証するなどして問題がある場合には上場会社に訂正を促し、訂正後の見積りが合理的であれば開示検査としてもそれを正しい会計処理として訂正前の開示書類の虚偽記載を認定することが多いと思われます。問題は、会社側が見積りを見直さないといったケースです。こうし

たケースでは経営者でもない当局の立場で客観的に正しい見積りを一義的に認定して訂正命令を勧告できるかという困難な問題に直面します。

　証券監視委の勧告事案で見積りが課徴金審判で争点となったものとしては貸倒引当金繰入額の計上が問題となったオプトロム事件があります。課徴金審判では、長期貸付金について、金融商品に関する会計基準の定める貸倒懸念債権への該当性に加えて、貸倒見積高につき支出金の返還が見込まれない相手に資金を支出したと評価できるとして支出金の資産計上時に全額貸倒れのおそれがあったと見積もることができたと認定しています。しかし、通常は、当局が債権の資産計上時の全額引当てを唯一のあるべき会計処理と認定するのは容易ではないように思われます。

　IFRS任意適用会社の増加により、開示検査でこうした問題に直面するケースは増えることが予想されます（Question030参照）。

3　いわゆる逆粉飾について

　これまでの勧告事例をみると、開示検査の実務では経営成績や財政状態を実際よりも良く見せかける粉飾事案のみが虚偽記載として扱われており、実際よりも悪く見せるいわゆる逆粉飾は虚偽記載として扱われていないと思われます。

　ただし、税務調査等で逆粉飾が明らかとなると、それ以前の過去の粉飾も併せて判明することが往々にしてあり、税務調査等を端緒として粉飾が明らかとなって開示検査に着手するケースもあるようです。

Question 020
重要性の判断

Q 開示検査では、重要性はどのように判断されていますか

Answer

一般的には連結ベースの当期純利益や純資産額について、臨時報告書の提出基準等を考慮して相当程度の変動があれば重要性があると判断されているようです。例外的な処理として、疑義のある取引等の一部のみを解明して重要な虚偽記載を認定する一部認定で課徴金勧告を行う場合もあります。

Commentary ▶▶▶

1 証券監視委の一般的な認定

　財務情報の虚偽記載の場合、証券監視委の課徴金納付命令勧告の公表文では、通常、対象となる開示書類の虚偽記載について「会計期間」「財務計算に関する書類」「内容」「事由」が記載されます。例えば、架空売上の計上による損益計算書の虚偽記載の場合、虚偽記載の「事由」として「架空売上の計上」と記載し、虚偽記載の内容として「当期純利益が○百万円であるところを△百万円と記載」といった認定をするのが一般的です。

　この場合、架空売上による売上高の過大計上ではなく、売上の取消しに伴う諸々の影響を加味した当期純利益の過大計上を重要な虚偽記載と認定して

いることになります。

　証券監視委の開示検査による勧告事案のほとんどは当期純損益、経常損益や純資産の変動を重要な虚偽記載と認定しており、**開示検査の運用上、財務諸表の項目としては、トップラインである売上高よりもボトムラインの当期純利益や純資産を投資者の投資判断との関連で重視している**ことがうかがわれます。

　次に、こうした項目にどの程度の変動が生じれば投資者の投資判断に影響を及ぼす重要な虚偽記載と認定するのかが問題となりますが、**損益計算書の利益項目については一般的に臨時報告書の提出基準や金商法のインサイダー取引の重要事実の判断基準が目安として考慮されている**といわれています。仮に臨時報告書の提出基準（開示府令19条2項12号・19号）が考慮されるとすると、直近5事業年度の当期純利益（赤字の場合は考慮しない）の平均額の20％以上かつ純資産の3％以上の変動があれば当期純利益の重要性が認められることになりそうです。他方、貸借対照表の純資産については過去の事案の変動率をみると概ね20％〜30％程度の変動があれば重要性があると判断されているように見受けられます。

2　連結ベースの判断

　重要性は投資者の投資判断に及ぼす影響で判断されますが、近時の投資者が投資判断の際に着目しているのは企業単体ではなく企業集団の経営成績や財政状態といえます。したがって、**連結財務諸表を作成している企業では連結当期純損益や連結純資産の項目における一定の変動で重要性が判断**されており、開示検査の勧告事案でもそのような運用が行われていることがうかがわれます。

　ただし、三洋電機事件では米国基準で作成された連結財務諸表については過年度訂正が行われておらず、日本基準で作成された単体財務諸表についてのみ過年度訂正が行われたところ、証券監視委は単体の財務諸表の重要な虚

偽記載を認定して課徴金納付命令を勧告しています。連結財務諸表を作成している三洋電機について、単体の財務諸表の虚偽記載の重要性を認めた当時の判断の理由は定かではありませんが、現在の開示検査の運用では単体ベースの財務諸表の変動がどれほど大きくても、連結ベースで影響がなければ投資者の投資判断に影響があったと認定するのは相当特殊な事情を要するのではないかと思われます。

3 一部認定による重要な虚偽記載

　開示検査での重要な虚偽記載の認定は、上場会社が自主的に訂正して監査法人の監査証明を受けた訂正財務諸表の数値をベースに行われるのが一般的です。しかし、例えば、監査法人が限定付意見を表明した限定事項について開示検査でも実態解明が困難なケースなど正しい財務諸表を完全に復元することが困難なケースがあります。

　そのような場合、**疑義のある取引等のうち、開示検査として事実関係が認定できる一部の取引等をベースに重要な虚偽記載を認定して課徴金勧告を行う**ことがあります。開示検査の一部認定の事例は過去に2件あり、サイバーファーム事件では、「連結当期純損益が139百万円の利益を上回ることはなかったにもかかわらず、これを522百万円の利益と記載」したと認定され、もう1件のホッコク事件では、「連結四半期純損益が283百万円以上の損失であるところを45百万円の損失と記載」したと認定されています。

　これらは正確な企業情報を市場に提供するという観点からは例外的な処理といえますが、実態解明の難易度や一部認定であっても早期に市場に警告を発する必要性等が考慮されて、こうした処理に至ったのではないかと思われます。

Question 021
重要な虚偽記載の認定の傾向

Q 開示検査における重要な虚偽記載の認定について、最近の特徴的な傾向はありますか

nswer

現物出資資産の価額・算定根拠や大株主の状況といった非財務情報の虚偽記載や、財務情報でも売上高の差異を重要な虚偽記載と認定する従来の運用よりも一歩踏み込んだ事例が増えつつあります。

Commentary ▶▶▶

1 非財務情報の重要な虚偽記載

　証券監視委の開示検査によって非財務情報の重要な虚偽記載が認定された事案としては少なくとも【表】に記載された4件が把握されています。このうち、ビックカメラ事件は実質上、財務情報の虚偽記載の問題といえますが、それ以外の事案をみると、特に平成25年頃から非財務情報の虚偽記載が摘発されるケースが出てきています。なお、CB発行による手取金の全額をスワップ契約に基づく支払いに充てることなどを記載しなかったことにより重要な虚偽記載のある臨時報告書と有価証券報告書を提出したとして平成20年に課徴金納付命令を受けたアーバンコーポレイション事件がありますが、これは証券監視委が開示検査を実施して課徴金勧告を行った事案ではなく、金融庁が自ら審判手続を開始しています。

非財務情報の重要な虚偽記載を認定した事案

企業名	勧告日	虚偽記載の内容
ビックカメラ	平成21年6月26日 課徴金勧告	有価証券報告書の重要な後発事象欄及び臨時報告書に不動産流動化スキームの終了に伴って匿名組合清算配当金が発生する旨の虚偽記載
日本エル・シー・エーホールディングス	平成25年12月4日 課徴金勧告及び同日訂正命令勧告	不動産の現物出資による第三者割当増資に係る有価証券届出書の現物出資不動産の価額及びその算定根拠を虚偽記載
三栄建築設計	平成26年6月5日 課徴金勧告	有価証券報告書の大株主の状況欄に記載された大量保有者の所有株式数及び同人の発行済株式総数に対する所有株式数の割合等を虚偽記載
オプトロム	平成27年9月18日 課徴金勧告	第三者割当増資に係る有価証券届出書の割当予定先の実態欄に記載された割当予定先の主要株主の反社会的勢力等や違法行為との関係の確認結果等を虚偽記載

　また、日本エル・シー・エーホールディングス事件は現物出資による第三者割当増資の現物出資不動産の価額と算定根拠に偽りがあったとのことなので、既存株主の株主価値の希釈化などを考慮すると投資者の投資判断に影響を及ぼすことは明らかといえそうです。

　三栄建築設計事件は真実の所有株式数・割合と開示された情報との差異はそれほど大きくはなかったものの、虚偽記載により上場審査基準への抵触を免れていた点を重視して重要な虚偽記載と認定されたものと考えられます。

　オプトロム事件は課徴金審判で争われ、被審人は対象事項が非財務情報であることなどから「重要な事項」に当たらない旨主張しましたが、割当先の実態や手取金の使途は開示府令によって記載が求められていて投資者の投資判断に影響を与えるものであることが前提とされていることや、金融商品取引所の規則等をみると反社会的勢力等との関与の有無は株式の上場維持等にあたって重要なものと捉えられていたことから「重要な事項」に係る虚偽記

載と認定されています。

非財務情報の虚偽記載については、財務情報のような虚偽記載のあった項目や差異などによる定型的・定量的な判断は難しいものの、**投資者の投資判断への影響については、金融商品取引所の規則等における取扱いの重要度や上場や上場廃止との関連性の要素が重視された判断がなされる傾向がある**といえます。

2 売上高の重要な虚偽記載

Question020で解説したとおり、開示検査では、損益計算書の売上高に過大計上があっても、その影響が加味された当期純利益の過大計上を重要な虚偽記載と認定するのが標準的な処理といえます。しかし、次の【表】のとおり、近年はボトムラインの当期純利益ではなく、トップラインの売上高の虚偽記載を重要な虚偽記載と認定して課徴金勧告をしている事案が散見されます。

日本アセットマーケティング事件やフード・プラネット事件は、いずれも上場する東証マザーズ市場の年間売上高が1億円に満たない場合に上場廃止となる基準に抵触することを回避して上場を維持するための意図性が認められる事案です。メディビックグループ事件については、同じ連結財務諸表の貸借対照表の連結純資産額についても重要な虚偽記載が認められた事案であり、それに加えて連結損益計算書のしかも売上高について重要な虚偽記載を認定した理由は定かではありません。

いずれにしろ、**従来の標準的な認定方法を維持しながらも、上場廃止基準等も考慮して投資者の投資判断への影響が認められる場合は売上高についても重要な虚偽記載を認定する傾向がみられる**といえそうです。

売上高の重要な虚偽記載を認定して課徴金勧告を行った事例

企業名	虚偽記載の内容	虚偽記載の額（割合）
日本アセットマーケティング	平成24年3月期有価証券報告書の連結損益計算書の売上高が83百万円であるところを103百万円と記載	20百万円（約19％）
JALCOホールディングス	・平成24年9月期第2四半期報告書の四半期連結損益計算書の売上高が537百万円であるところを914百万円と記載	377百万円（約41％）
	・平成24年12月期第3四半期報告書の四半期連結損益計算書の売上高が718百万円であるところを1860百万円と記載	1142百万円（約61％）
	・平成25年3月期有価証券報告書の連結損益計算書の売上高が904百万円であるところを3351百万円と記載	2447百万円（約73％）
	・平成25年6月期第1四半期報告書の四半期連結損益計算書の売上高が266百万円であるところを1421百万円と記載	1155百万円（約81％）
	・平成25年9月期第2四半期報告書の四半期連結損益計算書の売上高が646百万円であるところを3111百万円と記載	2465百万円（約79％）
	・平成25年12月期第3四半期報告書の四半期連結損益計算書の売上高が980百万円であるところを4801百万円と記載	3821百万円（約79％）
	※ただし、いずれも売上高だけではなく、連結純利益の過大計上も重要な虚偽記載と認定している。	
フード・プラネット	平成26年9月期有価証券報告書の連結損益計算書の売上高が81百万円であるところを113百万円と記載	32百万円（約28％）
メディビックグループ	平成27年12月期有価証券報告書の連結損益計算書の売上高が89百万円であるところを104百万円と記載	15百万円（約14％）

3 今後の展望

　証券監視委の重要な虚偽記載の認定が柔軟化してきていることを踏まえると、今後は、これまで摘発例のない重要な虚偽記載が認定される事例が発生することも十分考えられます。

　例えば、現状、関連当事者取引の注記について重要な虚偽記載を認定して証券監視委が行政処分を勧告した事例は見当たりませんが、関連当事者取引は上場審査でも慎重に検討される事項であり、意図的に金融商品取引所に虚偽の説明をするなどして上場を果たしたケースなどでは重要な虚偽記載と認定することにそれほど違和感はなさそうです。

Question 022
犯則調査と開示検査

Q 証券監視委は、会計不祥事に対して犯則調査と開示検査をどのように使い分けていますか

nswer

公表された一定の判断基準はなく、ケースバイケースの判断となり、事案の悪質性、立証の難易度、犯則調査による強制調査の必要性や開示検査による行政的関与の必要性等を考慮した使い分けがされていますが、近時は両者の併用も可能と整理されています。

Commentary ▶▶▶

　開示書類の重要な虚偽記載が疑われる場合、証券監視委の市場監視のツールとしては、犯則調査と開示検査の２つが利用可能ですが、どちらを利用するかはまさに個別の事案に応じたケースバイケースの判断で一定の判断基準が公表されているのものではありません。したがって、一概にはいえませんが、実務上は概ね次のような要素が考慮されているのではないかと考えられます。

1 事案の悪質性

　犯則調査は金融商品取引等の公正を害する悪質な行為の実態を解明し、刑

事告発により刑事責任を追及する目的で実施されるものであり、事案の悪質性は最も重要なポイントといえます。

会計不祥事の悪質性の判断では、一般的に、**粉飾の規模や経営者の意図性、犯罪の組織性、手口の巧妙性や隠蔽工作等の犯行態様の悪質性、虚偽の財務情報を利用した市場からの資金調達の有無**といった事情が考慮されることが多いといえそうです（Column「犯則と課徴金の使い分け—真水の粉飾？—」29頁参照）。

2 立証の難易度

犯則調査でも開示検査でも特定の開示書類の「重要な事項」についての「虚偽の記載」という法令違反を認定する点では同様です。

しかし、現代の財務諸表は貸倒引当金や固定資産の減損など経営者の主観的な見積りを前提とする項目が多く、かつての長銀事件や日債銀事件のように本来あるべき見積りを犯罪立証のレベルで一義的に確定することは会計基準の法的拘束力や規定自体の曖昧な点も相俟って容易ではありません。この点、開示検査では企業が自ら財務諸表を作成して独立した監査人の監査証明を受けるという本来の開示制度を機能させる形で運用されていることから、検査の過程で企業に自発的な訂正を促し、監査法人の監査証明を受けた訂正内容を前提に重要な虚偽記載を認定して課徴金納付命令勧告を行うのが通常です。その場合、見積りに関する事項も経営者自らの判断として訂正されており当局が独自に客観的にあるべき見積りを確定するような困難はそれほど生じません。

したがって、架空売上の計上のような客観的事実の認定で犯罪の立証に耐え得るケースでは犯則調査でも問題がありませんが、**見積りの妥当性が主要な争点となることが予想される事案では開示検査で処理する方針となる傾向**があるように思われます。

3 強制調査の必要性

　犯則調査でも開示検査でも銀行調査によって資金の流れを解明することは可能です。しかし、強制的に証拠物を押収する捜索・差押えは犯則調査でのみ可能な調査手法であり、開示検査はあくまでも任意調査で協力を拒んだ場合に罰則が科されるという間接強制があるに過ぎません。

　したがって、会計不祥事でも**外部者との共謀等による手の込んだ隠蔽工作が想定される事案**や、**反社会的勢力の関与が疑われる事案**などでは罪証隠滅のおそれから強制調査の必要性が高く、犯則調査に判断が傾く大きな要因となると考えられます。

4 行政的関与の必要性

　犯則調査による刑事責任の追及はある意味「過去」の犯罪を適正に処罰して社会正義を実現することによって市場秩序を回復するものです。開示検査も市場秩序の回復の役割を担いますが、より直接的には上場会社に正しい企業情報を迅速・公平に開示させることで金商法上の開示制度を有効に機能させることによってそれを成し遂げます。

　したがって、**継続企業の前提が崩れておらず、株式上場が維持されていて投資者保護の観点から正しい財務情報を「現在」の投資者に開示する必要性が高い事案**などは開示検査の必要性が高まると考えられます。

　しかし、近時は、後述のオリンパス事件の例のように、犯則調査と開示検査は択一的なものではなく、両者の目的の相違を理由に併用する運用も可能と整理されています（Question023参照）。

Question 023

オリンパス事件①

Q オリンパス事件では、開示検査はどのように活用されましたか

Answer

犯則調査と開示検査の併用は可能との整理のもと、双方の実施の必要性が肯定されましたが、市場への過度なインパクトを回避するために強制調査より開示検査が先行されました。課徴金は罰金と調整されますが、オリンパスの訂正開示を検査して重要な虚偽記載がないことを確認した点に課徴金勧告を行った意義がありました。

Commentary ▶▶▶

1 犯則調査と開示検査の併用の可否

　オリンパス事件は、重要な虚偽記載の疑いのある特定の開示書類について証券監視委が犯則調査と開示検査の双方を実施した初めての事案といわれています。そもそも同一事件に対して両者を併用することが法的に許されるのかという問題がありますが、金商法は課徴金と刑事罰である罰金の調整規定（同法185条の7第16項、185条の8第6項）を置いており、そのような**調整規定があるということは同一事件に犯則調査と開示検査が実施されることを金商法は当然想定している**と考えられます。

2 犯則調査と開示検査の併用の必要性

　同一事件に対する犯則調査と開示検査の併用が許されるとしても、実際にその必要性があるか否かは別の問題です。

　オリンパス事件は経営者が組織的かつ意図的に過去の財テクの運用損失を簿価で簿外ファンドに飛ばして連結財務諸表から分離した後、水増しした高値での国内企業の買収と海外企業の買収に関連するフィナンシャル・アドバイザリー報酬を過大支出した資金で資産性のないのれんに置き換えて解消するなどの手口で、長期間にわたって巨額の連結純資産を過大計上した事案です。少なくとも不正に関与した経営者個人の刑事責任を追及しなければ市場の規律が維持できないことは明らかで、犯則調査の必要性は十分肯定できる事案であったと考えられます。

　他方、開示書類の提出者としてのオリンパスをみると、財テクの運用損失が開示されていないという問題はあるものの、本来的な事業の継続性には何ら問題はなく、第三者委員会の調査時点では、当時の上場廃止基準のもとで四半期報告書の提出期限経過後の1カ月経過前に過年度訂正を行った上で進行期の第2四半期報告書を提出しなければ即刻上場廃止という状況で、それを避けるために自発的訂正のプロセスを進めていました。昨今の開示検査の運用では企業が自発的訂正をする事案は検査対象としないケースが多いといえます（Question010参照）。しかし、オリンパス事件については、①オリンパスが事業を継続しており、今後も事業継続の意向を示していること、②金商法上の継続開示義務が継続していること、③オリンパスの株式が東京証券取引所に上場されており、高い流動性を維持していることから、正確な企業情報が迅速・公平に開示されることを確保するという開示検査の目的に照らして訂正プロセスや訂正内容の妥当性を検証するために開示検査を実施する必要性も肯定できる状況であったと考えられます。

　こうした状況から犯則調査と開示検査の双方の必要性が肯定されたと考えられますが、仮に自主訂正に向けたプロセスの過程で強制調査に着手すると

過年度訂正に必要な資料の押収により訂正に向けた作業に支障が生じ、当局がオリンパスを上場廃止に追い込もうとしているといった誤ったメッセージが伝わって市場が大混乱に陥る可能性がありました。そのような市場に対する過度なインパクトを避けながら、当局として早期に会社の状況や事実関係を把握するために開示検査が先行され、過年度訂正後に強制調査に着手したものと考えられます（Column「オリンパス事件の第一印象─これって犯則だよなあ？─」80頁参照）。

　課徴金納付命令勧告を行っても課徴金が刑事罰の罰金との間で調整されてしまうのであれば無意味ではないかという議論もあり得ますが、課徴金を納付させることが開示検査の目的ではなく、むしろ訂正開示の内容を検査した結果、訂正報告書に対する課徴金勧告や訂正命令勧告を行わなかったこと、つまり**訂正報告書に重要な虚偽記載がないことを検査で確認した点に開示検査で課徴金勧告まで行った大きな意義があった事案**といえます。証券監視委の勧告時の公表文にはなお書きとして「課徴金納付命令勧告の対象としたこれらの有価証券報告書等については、いずれも訂正報告書が提出されているが、それら訂正報告書については、課徴金納付命令勧告の対象としていない」と異例の文言が明記されていますが、それは訂正後の開示が概ね妥当ということを市場に示す意図があったといえそうです。

Question 024
オリンパス事件②

Q オリンパス事件では、開示検査の結果、証券監視委はどのような処理をしましたか

Answer

オリンパスに対する課徴金勧告を行った結果、約1億9181万円の課徴金納付命令が発出されましたが、その後、同一事件で確定した罰金との調整により、平成23年6月第1四半期報告書に対する課徴金1986万円を除いて課徴金納付命令は取り消されました。課徴金勧告と刑事告発で認定金額が相違しており、両者が一致する必然性がないことがわかります。

Commentary ▶▶▶

　証券監視委は、平成24年4月18日、平成19年3月期から平成23年6月第1四半期までの間の全継続開示書類（半期・四半期報告書・有価証券報告書）について約1億9181万円の課徴金納付命令を勧告しました。

　犯則調査では平成19年3月期から平成23年3月期までの各有価証券報告書のみが刑事告発の対象とされましたが、開示検査では半期報告書と四半期報告書も課徴金の対象とされました。

　その結果、平成24年7月11日に金融庁長官が約1億9181万円の課徴金納付命令を発出しましたが、平成25年9月5日、当該課徴金納付命令については同一事件の罰金7億円が確定したため、課徴金と罰金の調整規定によ

り、平成23年6月第1四半期報告書に対する課徴金1986万円を除いて取り消されています。

　なお、オリンパスとその経営陣に対する刑事責任については、証券監視委の刑事告発により起訴された結果、オリンパス自体は罰金7億円、社長は懲役3年（執行猶予5年）、監査役は懲役3年（執行猶予5年）、副社長は懲役2年6カ月（執行猶予4年）の刑罰が下されて確定しました。

　オリンパス事件では証券監視委が開示検査と犯則調査のいずれにおいても連結純資産額の過大計上による重要な虚偽記載を認定したにもかかわらず、各期の有価証券報告書において本来計上すべき連結純資産額の認定金額が課徴金勧告と刑事告発で異なっている点も大変興味深いポイントです。すなわち、平成19年3月期から平成23年3月期までの各有価証券報告書について、本来計上すべき連結純資産額として、例えば、平成19年3月期では開示検査では2249億円と認定されているのに対し、犯則調査では2322億円と認定されており、72億円程度の開きがあり、それ以外の期でも認定金額の乖離がみられます。つまり、開示検査の認定のほうが全般的に連結純資産額の過大計上額が大きくなって企業にとって厳しい認定となっていますが、開示検査の認定金額は企業が自主的に訂正して監査法人の監査証明を受けた財務諸表の数値をベースに認定しており、開示行政の観点からも概ね妥当と認められた金額となります。他方、犯則調査の認定金額は、一般に公正妥当と認められる企業会計の基準に基づいて作成された修正財務諸表の金額とは関係なく、あくまでも犯罪事実としての立証に耐え得る金額であり、開示検査の認定金額と一致する必然性はないということがわかります。特に会計不祥事の発生後も株式上場が維持され、継続企業の前提で財務諸表が作成されて有価証券報告書等の継続開示書類の提出義務も引き続き負うことが想定されるオリンパス事件のような事案については、企業の訂正開示の内容と乖離した犯則調査の認定金額だけでは当局が訂正後の開示内容も虚偽記載とみているかのような外観だけが残ってしまいます。こうした事情から、やはり「過去」の犯罪の刑事責任を追及する観点にとどまらず、「現在」と「将来」の投資者保護のために当局が開示行政の観点からも訂正後の開示を概ね妥当と

判断しているのか否かを明確にしておくことに意義が見出され、犯則調査と併用して開示検査を実施する必要性を根拠付ける事情の一つとなっています（Question23参照）。

Column ▶▶▶ オリンパス事件の第一印象
―これって犯則だよなあ？―

　これは、忘れもしない平成23年11月8日、オリンパス事件の真相が実はバブル時代の財テク損の飛ばしとそれを解消するための一連の工作だったということが判明した日に金融庁幹部が漏らした言葉です。オリンパスから支払われたM&A関連のFAフィーの一部が反社会的勢力に流れているといったまことしやかな新聞報道等もあり、この事件は犯則調査で強制調査に着手しないと手に負えないというのが金融庁幹部の空気でした。

　しかし、証券監視委の当時の佐渡賢一委員長は違いました。「経営者は腐っているかもしれないが、会社は事業も順調で生きている。いきなり犯則で強制調査をやるよりもまずは行政として開示検査で入って会社の実態を把握するのが先決。（東京地検）特捜部と（警視庁捜査）二課がすぐにでも着手したがっているが資本市場の監視は証券監視委の専門分野であり、証券監視委が事案の筋を見極めて交通整理する」という開示検査を先行させる方針を明確に打ち出しました。

　犯則調査は過去の犯罪を暴いて刑事責任による落とし前をつけてもらうためのものですが、開示検査の場合は現在と将来の投資者保護が最も重要なミッションとなります。第2四半期の決算発表の直前という最悪のタイミングで不正が発覚し、開示書類の提出遅延後1カ月以内に監査法人の訂正監査を経て過年度訂正を行い、進行期の第2四半期報告書を提出しなければ上場廃止という瀬戸際に追い込まれたのが当時のオリンパスでした。仮に強制調査に着手して証拠を根こそぎ押収した場合には、当局が過年度訂正を邪魔してオリンパスを上場廃止に追い込んだと市場関係者からみられるおそれもあり、確かに開示検査で入ったほうが訂正スケジュールの把握や財務局との連携などもしやすく、迅速な訂正開示をオリンパスに行わせるという観点では佐渡委員長の方針は理にかなったものでした。

　それまでの犯則調査と開示検査は事案の軽重によって択一的に選択されるきらいがありましたが、オリンパス事件は両者の目的が明確に異なることから両者の併用も可能であることを明確に意識する契機となったと思います。佐渡委員長は検察出身でありながら非常に市場監視の行政感覚が鋭い方で、市場インパクトを最小限に抑えながら証券監視委として的確な処理を行ったオリンパス事件は、まさに佐渡委員長の卓越した洞察力が発揮された事件の一つだったように思います。

Question 025
オリンパス事件③

Q オリンパス事件の影響により、開示規制の制度改正は行われましたか

A 外部協力者の加担行為に対する課徴金の追加、社外取締役等に関する開示の強化、M&A等に関する開示の充実化といった制度対応が行われました。

Commentary ▶▶▶

1 外部協力者の加担行為に対する課徴金の適用

　オリンパス事件では複数の取引を絡めた複雑かつ巧妙なスキームにより長期間にわたる運用損失の簿外への分離とその解消による損失計上の先送りが行われていましたが、それらは金融の高度な専門知識を有する外部協力者の指南や加担行為がなければ実現は事実上困難でした。こうした外部協力者は犯則事件であれば刑法の共犯規定（刑法60条、61条、62条）により処罰する余地がありましたが、課徴金納付命令による行政的なエンフォースメントの必要性も認識され、平成24年金商法改正により、虚偽の開示書類の提出を唆すなどの一定の関与を特定関与行為として課徴金の対象とする改正が行われました（同法172条の12第1項）。
　現状、開示検査での実際の適用事例はありませんが、近時、**証券監視委は**

特定関与行為の検査を積極化させる意向を示しており、結果的に法令違反の認定には至らなかったものの、会計監査の補助業務を行う公認会計士が架空売上を隠蔽するために証拠書類を破棄した疑いを検査した事実が公表されています（「証券取引等監視委員会の活動状況」（平成29年8月）23頁）。

2 社外取締役等に関する開示内容の明確化

　オリンパス事件を受け、上場会社等が開示すべきコーポレート・ガバナンスに関連する情報の内容の明確化を図り、資本市場の公正性・透明性を高める観点から有価証券報告書等において記載することとされている社外取締役又は社外監査役に関する情報の内容の明確化等を図るために開示府令と企業内容等開示ガイドラインが改正されました。

　具体的には、有価証券報告書等において社外取締役等に該当する場合の注記（開示府令第三号様式（記載上の注意）(36) h）や、社外取締役等選任のための提出会社からの独立性に関する基準又は方針の内容の記載（開示府令第二号様式（記載上の注意）(57) a(c)）を求めるなどの改正が行われました。

3 M&A等に関する開示の充実化

　オリンパス事件では簿外に飛ばした運用損失を解消するために売上高等の小さな会社を多額の資金で買収することで買収費用ののれん化を行うという手口が用いられたことに関連し、多額の資金を使用した子会社の取得が適時に投資者に開示されていないという問題点が指摘されました。

　こうした指摘を踏まえ、臨時報告書による開示対象子会社の適正化を行うために開示府令及び企業内容等開示ガイドラインの改正が行われ、子会社の取得対価の額に着目した臨時報告書の提出事由（開示府令19条2項8号の2・16号の2）が追加されました。

Question 026
オリンパス事件④

Q オリンパス事件は、後の開示検査の運用に影響を及ぼしましたか

Answer

開示検査の運用面では特に改善を要する大きな問題点はありませんでした。ただし、内部通報が証券監視委ではなく、経済情報誌に持ち込まれたことから証券監視委の情報収集力を強化する取組みが行われました。

Commentary ▶▶▶

　オリンパス事件は、経済情報誌の記事で不正の疑いを察知したウッドフォード社長の解任を契機に、バブル期の財テクの運用損失の飛ばしとその解消による長年の粉飾が明らかになった事案ですが、第三者委員会の設置から訂正開示までのプロセス、さらには、矢継ぎ早の責任追及委員会の設置などいずれも迅速かつ効果的な対応がなされ、企業による自浄作用の発揮として高く評価されるべきものでした。

　また、証券監視委としても資本市場への過度な影響を避けながら犯則調査と開示検査をうまく併用し、経営陣等の刑事責任の追及と正確な企業情報の迅速・公平な開示の確保という開示規制の実効性担保という双方の目的を達成することができたといえます。Question025で解説したように、粉飾を指南した外部協力者に対する課徴金の整備や開示制度の改正は行われました

が、**開示検査の運用面については特に改善を要する大きな問題点は把握されなかったものと思われます**。

　しかし、唯一の反省点として考えられるのが事件の端緒となった内部通報が証券監視委に寄せられなかった点です。すなわち、オリンパス事件は最初の内部通報が経済情報誌に寄せられており、それを察知したウッドフォード社長の解任により報道が過熱化して事件が表面化したという経緯があったため、証券監視委の情報収集力の強化が課題として認識されました。その結果、内部通報や市場関係者等の外部からの情報収集力を強化するため、証券監視委のウェブサイトの情報受付窓口で求める情報の記載例を明確にするなどして**市場監視に役立つより確度の高い情報を収集する施策**が行われました。

　東芝事件は証券監視委に内部通報が寄せられたことを契機に証券監視委が開示検査に着手したといわれていますが（Question027参照）、オリンパス事件後のこうした情報収集力の強化が一定の効果を発揮したともいえそうです。

Question 027
東芝事件①

 東芝事件では、どのように開示検査が活用されましたか

証券監視委は、内部通報を端緒とした発掘事案として開示検査に着手し、第三者委員会とも意見調整等を行ったと考えられますが、第三者委員会の調査範囲に原子力事業子会社の買収に係るのれんの減損の問題が含まれなかった経緯等は定かではありません。また、発生原因について従来よりも突っ込んだ究明を行って、コーポレート・ガバナンス上の不備を根本原因として指摘しました。

Commentary ▶▶▶

1 発掘事案としての開示検査

　各種の公表情報によると、東芝事件は内部通報を端緒とした平成27年2月の証券監視委の開示検査の指摘を契機に特別調査委員会が設置されることによって表面化したとされています。オリンパス事件は企業が自発的に第三者委員会を設置して過年度訂正のプロセスに入っている過程で開示検査に着手した自主訂正事案であったのに対し、東芝事件はまさに証券監視委の発掘事案であったといえます。オリンパス事件では内部通報が経済情報誌に寄せられたのに対し、東芝事件では証券監視委に内部通報が寄せられたという点

でオリンパス事件後の証券監視委の情報収集力の強化が功を奏したともいえそうです（Question026参照）。

　発掘事案では、開示検査での指摘事項について企業に自発的訂正の検討を促し、調査委員会が設置された場合には調査委員会との間で調査範囲や事実認定の方向性等について意見調整等を行って、訂正後には訂正内容の妥当性、つまり正確な企業情報が適正に開示されたか検証する形で開示検査が実施されるのが通常です。そして、訂正内容が概ね妥当であれば訂正された財務諸表の数値をベースに本来計上されるべき数値を証券監視委の認定額として確定し、訂正前の開示書類について重要な虚偽記載を認定して課徴金納付命令勧告を行います。

　したがって、東芝事件でも証券監視委と特別調査委員会やそれを引き継いだ第三者委員会との間で調査範囲や事実認定の方向性等についての意見調整等も行われた可能性が高いと思われますが、後に大問題となった原子力事業子会社の買収により計上された巨額ののれんの減損の要否の問題は調査範囲に含まれていませんでした。調査体制が第三者委員会であっても社内調査委員会であっても、調査範囲はその後の訂正開示の方向性を左右する極めて重要な問題であり、証券監視委だけではなく調査委員会の調査結果を後に評価して監査証拠として利用する立場にある監査法人にとってもそれは同様です。開示検査で当初指摘されたのは工事進行基準の問題だったといわれていますが、証券監視委の開示検査と監査法人との調整を経て設定されたはずの第三者委員会の調査範囲にのれんの問題が含まれなかった経緯は定かではありません。

2 犯則調査との関係

　新聞報道等によると証券監視委は東芝事件で犯則調査を実施している模様ですが、本書執筆時点において少なくとも強制調査に着手した形跡はなく、刑事告発がなされるか否かも不透明な状況です。仮に犯則調査が実施されて

いるとすると、オリンパス事件に次いで、同一事件に対して開示検査と犯則調査が併用された2例目の事案になります。オリンパス事件では市場への影響を考慮して開示検査が先行された面がありましたが、東芝事件の場合は、開示検査の着手時点では犯則調査は想定されておらず、当初の想定を超えて事件が大型化した段階で犯則調査の着手に至ったのではないかと推測されます。

3 根本原因の究明

　従来、開示検査では、正確な企業情報の迅速・公平な開示の確保に加え、将来の開示規制違反の適切な抑止の観点から、重要な虚偽記載を認定して行政処分勧告を行うか否かにかかわらず、過年度訂正に至った経緯や理由、すなわち発生原因を報告徴取で確認するなどして上場会社との間で内部管理体制の改善に向けた対話を行う運用を継続してきました（Question013参照）。

　東芝事件ではその発生原因として、歴代社長による予算達成要求と当該要求に対する社内牽制機能、特に指名委員会等設置会社における取締役会や監査委員会が牽制機能を発揮することができなかったというコーポレート・ガバナンス上の不備があったとされています。そして、証券監視委は、その根本的な原因としては、次のように整理しています。

> 「その根本的な原因として、当社においては、執行役等の選解任や報酬等に係る原案策定等の権限が社長に集中していたが、その状況下において、取締役会について、①報告対象事項の定義が不明確であったため、適切に報告がなされていない案件があり、また、②社外取締役に対し、案件の事実関係に関する情報提供が不十分であったほか、③審議時間が十分に確保されていないなどから、重要な議題について審議を十分に行うことができる態勢を有していなかったことなどがある。
> 　また、当社は、会計監査は一義的に会計監査人の職責であるといった認識があり、会社の計算関係書類の監査における役割及び責任を軽視する傾向があったため、①監査委員会が主体的に会計監査人の監査の方法及びその結果

の相当性を検証する態勢や会計監査人に対して十分な情報提供を行う態勢を整備していなかったほか、②経営監査部が会計処理の観点での監査を十分に実施していなかったにもかかわらず、監査委員会は取締役会を通じて必要な是正措置を講じなかったことなどがある」

（出所）　証券取引等監視委員会事務局「金融商品取引法における課徴金事例集〜開示規制違反編〜」（平成28年8月）32頁

　従来の開示検査の経営者不正の事案では、暴走した経営者のコンプライアンス意識の欠如や取締役会等の牽制機能の不全といった紋切型の指摘にとどまることが多かったといえますが、東芝事件では取締役会や監査委員会の牽制機能が働かなかったコーポレート・ガバナンス上の不備を運用面まで視野に入れた根本原因として指摘することにより従来よりも一歩踏み込んだ認定をしています。

　こうした踏み込んだ根本原因の認定を行うためには、開示書類の重要な虚偽記載の認定に必要な金商法や企業会計の知見に加え、会社法をはじめとするコーポレート・ガバナンスの専門的な知見や実際の取締役会等の運用状況を把握するための幅広い情報収集と分析が必要になると考えられます（Question029参照）。

Question 028
東芝事件②

 開示検査の結果、東芝はどのような行政処分を受けましたか

nswer

継続開示書類と発行開示書類の虚偽記載により約73億円の課徴金納付命令が発出されました。証券監視委は東芝の過年度訂正からわずか3カ月で課徴金勧告を行いましたが、開示検査での訂正内容の妥当性の検証が十分だったのか疑問の余地があります。

Commentary ▶▶▶

　東芝事件では、証券監視委は、平成27年12月7日、継続開示書類の重要な虚偽記載と発行開示書類の重要な虚偽記載を認定して合計73億7350万円の課徴金納付命令勧告を行っています。
　その後、東芝が事実及び課徴金の納付金額を認める旨の答弁書を提出し、実際の審判期日が開かれることなく金融庁長官による課徴金納付命令が発出されています。

1　継続開示書類に対する課徴金

　東芝は、第三者委員会の調査結果を受けて、平成27年9月7日に平成22

年3月期有価証券報告書から平成26年12月第3四半期までの各有価証券報告書と各四半期報告書について、それぞれ訂正報告書を提出しています。

そして、証券監視委は、訂正された継続開示書類のうち平成24年3月期有価証券報告書と平成25年3月期有価証券報告書の連結損益計算書の連結当期純損益に重要な虚偽記載があると認定しました。

平成27年9月7日に過年度訂正が行われた後、開示検査では、訂正報告書で投資者に開示された内容の妥当性を検証したと思われますが、証券監視委が本来計上すべき金額として認定した連結純利益は東芝が訂正報告書で開示した数字と一致しており、検証の結果、訂正内容が概ね妥当と判断されたことがうかがわれます。オリンパス事件をはじめ事案によっては開示検査が訂正開示を検証した結果、訂正漏れ等が検出されて上場会社が訂正した内容と証券監視委の認定数値が若干食い違うケースもありますが、東芝事件では両者が一致しており、開示検査の検証でも訂正が漏れた取引等は検出されなかったようです。

2 発行開示書類に対する課徴金

証券監視委は、重要な虚偽記載がある平成24年3月期有価証券報告書を参照書類とする発行登録追補書類に基づく2度の募集によって社債券を取得させたこと、さらに、重要な虚偽記載がある平成25年3月期有価証券報告書を参照書類とする発行登録追補書類に基づく2度の募集によって社債券を取得させたことについて課徴金勧告の対象としました。

加えて、証券監視委は、重要な虚偽記載のある平成22年3月期有価証券報告書を参照書類とする発行登録追補書類に基づく社債券の募集についても課徴金勧告の対象としました。

しかし、平成22年3月期有価証券報告書は提出日から既に5年の除斥期間が経過しており、継続開示書類の課徴金の対象には含まれていませんでした。また、平成22年3月期有価証券報告書を参照書類とする発行登録追補

書類に対する課徴金は提出日である平成22年12月9日から5年で除斥期間が経過するところ、証券監視委の課徴金勧告は除斥期間経過の直前である平成27年12月7日になされており、同日課徴金審判手続開始決定が行われたことにより除斥期間の経過を免れていることがうかがわれます。全体の課徴金額約73億円のうち、当該発行登録追補書類の虚偽記載による課徴金は27億円とかなりの割合を占めます。これだけの大規模事件であるにもかかわらず、訂正開示からわずか3カ月で課徴金勧告に至っていること、上記1のとおり、訂正後の開示監査の検証によっても訂正漏れ等が検出された形跡がないことなどを踏まえると、**東芝による過年度訂正後の開示検査での訂正内容の妥当性の検証が十分だったのか疑問の余地があります**。

Question 029
東芝事件③

Q 東芝事件の影響により、開示検査の運用に変化はありましたか

Answer
大規模上場会社に対する継続的な監視を強化する運用にシフトし、未然防止・再発防止に向けた根本原因の究明が重視されるようになりましたが、効果的に機能させるためには実務的な課題があります。

Commentary▶▶▶

1 大規模上場会社に対する継続的な監視

　先端的なコーポレート・ガバナンスを導入し、かつ、大手監査法人の監査を受けていた日本を代表するグローバル企業における大型の会計不祥事の発生は開示検査の役割の見直しを迫るものでした。つまり、従来の開示検査では、大手監査法人の監査を受けている大規模上場会社には一定の信頼を置き、どちらかというと同じ上場会社であっても創業者のワンマン経営により内部管理体制に問題のある小粒の企業や不公正ファイナンスに利用される、いわゆるハコ企業予備軍のような実業のない企業が摘発の中心を占めていました。

　東芝事件は、大手監査法人の監査先である大規模上場会社に対する監視が

甘かったという反省を証券監視委に促す契機となり、開示規制違反の未然防止の観点から**フォワード・ルッキングなマクロ的視点に立った大規模上場会社に対する継続的な監視を強化する方向**に開示検査の運用をシフトする動きがみられます。

具体的には、①企業のグローバル化を踏まえたマクロ経済的観点の分析、②特定の業種については同業他社分析の観点で証券アナリストとの意見交換などが新たな取組みとして行われるようになってきているようです。そして、こうした新たな観点からの継続的な監視を行うモニタリング班を設置して大規模上場会社については課徴金勧告による事件処理後も継続的に監視する取組みを始めたことがうかがわれます。

また、Question013で解説したとおり、開示検査の目的には開示規制違反の適切な抑止が含まれていますが、従来は重要な虚偽記載の認定に重点を置き、再発防止のために必要な発生原因の究明については企業から報告を受けた内容に対して深度のある分析を行うケースはそれほどなかったようです。東芝事件を契機に事後チェック型の検査から抑止のほうにも重点を置き、**コーポレート・ガバナンスや内部統制の評価まで踏み込んで効果的な未然防止・再発防止に向けた取組みの前提となる根本原因（root cause）の究明を重視する運用**にシフトさせていることがうかがわれます。

2 根本原因を究明するための課題

こうした開示検査の運用の変化は実際に機能すれば大変効果的ですが、実務的には乗り越えなければならない課題がいくつかあるように思われます。

まず、根本原因を的確に究明できるだけの知見とリソースの問題があります。開示検査では、これまで金商法の開示行政の実務や企業会計・監査の知見を駆使して上場会社の特に財務情報の重要な虚偽記載を摘発する実績を積み重ねてきましたが、コーポレート・ガバナンスや内部統制の評価まで踏み込むためには、会社法や内部統制の知見など従来とは若干領域が異なる専門

的な知見が必要になります。民間市場でもこうした分野に精通した人材が乏しいなか、財務局出身の行政官を主力として頻繁な人事異動が繰り返される行政機関でどこまで的確に根本原因を究明することのできるリソースを確保して、知見とノウハウを蓄積することができるかは大きな課題と思われます。

　また、コーポレート・ガバナンスや内部統制の評価まで踏み込んだ的確な根本原因の究明を行うためには企業の機関設計や運用状況、内部統制の整備状況や運用状況まで幅広い情報収集が必要となりますが、これにより特定の取引の会計処理の誤りを指摘することを目的とした証拠収集よりもかなり広範囲の証拠収集が必要になると思われます。当然、収集した情報の分析にも時間を要することにより、必然的に従来よりも検査の長期化が予想されるでしょう。

　さらに、開示検査が企業に接触するのはあくまで案件ベースであり、継続的な監視を行うために必要かつ十分な情報をいかにして収集するかという点も大きな課題となるように思われます。すなわち、開示検査と企業との関係は、監督当局と監督下の業者との関係のように継続的な接点があるわけではなく、開示検査に着手して初めて企業と接点を持つのが通常であり、開示検査に従事する証券調査官は企業のビジネスモデルや内情に必ずしも精通しているものではありません。上場前から企業と接点のある金融商品取引所や開示書類の受付・審査等をする財務局と比較すると継続的な情報収集という面では情報が集まりにくく、そのような状況で果たしてコーポレート・ガバナンスや内部統制の評価まで踏み込めるのかという問題や、根本原因の究明は必要だとしても金融商品取引所や財務局との役割分担の面で開示検査がその役割を担うべき的確な存在であるか否かという問題は議論の余地があるように思われます。少なくとも、こうした課題に的確に対応するためには金融商品取引所や財務局とのより一層の緊密な連携が必要になるといえそうです。

Question 030
開示検査の今後の取組み

 開示検査の今後の取組みとして注目すべきものはありますか

nswer

市場監視におけるIT活用の取組みとして会計不祥事の兆候を早期に発見するデータ分析が注目されます。また、IFRS任意適用会社の増加に伴い、原則主義のIFRSで会計基準違反の虚偽記載の認定が困難となることが予想され、開示検査の出口の柔軟化として法令違反を認定せずに「警告」や「注意」といった措置を勧告する出口も検討に値します。

Commentary ▶▶▶

1 市場監視におけるITの活用

　近時、金融庁と証券監視委は、規制当局・法執行機関に関する情報技術革新を「RegTech」と定義し、市場監視における先進的IT技術の活用を重点施策の一つとして検討しています（「平成28事務年度 金融行政方針」（平成28年10月）、「証券取引等監視委員会の活動状況」（平成29年8月））。

　具体的な活用例としては、膨大な発注・取引に係るデータから不公正取引の疑いのある発注・取引を的確に抽出・分析するための技術などが挙げられていますが、開示規制違反の監視手法としては、マクロ経済動向や企業の財

務情報等の様々なデータから企業の不適正会計の兆候を早期に発見するための技術の活用が検討される模様です。

　米国証券取引委員会は、大量の公表データを分析して特定の企業の財務諸表が同業の企業群の傾向からどの程度乖離しているかを検出して開示書類の審査や不正の摘発に活用する「Accounting Quality Model」というデータ分析モデルを2012年に既に導入しています。証券監視委もこうしたデータ分析モデルを将来的には自前で開発・導入する可能性はありますが、十分な専門家その他のリソースの確保など実現のためのハードルは高いように思われます。公開データを分析して会計不祥事のリスクを評価するモデルは日本の一部の大手監査法人でも既に導入していることから、**当局側の視点も反映させたデータ分析力の向上を監査法人に促すことにより効率的に市場全体の監視能力を高める方向も検討の余地がある**といえそうです（Question037参照）。

2 IFRS任意適用会社への対応

　国際会計基準（IFRS）は英国にある国際財務報告基準財団が設置した国際会計基準審議会（International Accounting Standards Board（IASB））が作成・公表する企業会計の基準で、日本では平成22年3月31日以後終了する連結会計年度より任意適用が開始されています。そして、平成29年8月末時点におけるIFRS任意適用会社は今後の適用予定会社も含めると158社にのぼり、その時価総額の合計は156.6兆円で日本の全上場会社の時価総額の24.7％を占める状況となっています（金融庁「会計基準の品質向上に向けた取組み」（平成29年9月8日）7頁）。Question029で解説したとおり、東芝事件以降、証券監視委は大規模上場会社に対する監視を強化する方向性に開示検査の運用をシフトさせつつありますが、特に大企業でIFRS任意適用会社が増加しており、開示検査としても対応を検討する必要がありそうです。

　いわゆる細則主義（ルール・ベース）といって細かいルールが規定された

日本の会計基準と異なり、IFRSは原則主義（プリンシプル・ベース）の会計基準とされ、最低限のルールのみが示されて細かい数値基準がないことが特徴として挙げられます。また、IFRSの解釈権は解釈指針委員会にあるとされています。

　Question019で解説したとおり、日本の会計基準が適用される事案であっても、会計基準に違反した会計処理に起因して財務諸表に生じた変動を虚偽記載と認定する場合には、エンフォースメントを想定していない会計基準の抽象的な規定に起因する問題や、経営者の見積りを客観的かつ画一的に認定することの問題など実務上の困難に直面することがありますが、原則主義のIFRSの場合には会計基準を適用しても本来あるべき会計処理を一義的に確定することはさらに難しく、こうした問題が増幅されることになりそうです。

　とはいえ、開示検査では上場会社が正確な企業情報を自ら開示することを基本的な前提とした運用を行っているため、開示検査の指摘に応じて上場会社が自ら検討して過年度訂正を行う場合にはそれほど大きな問題は生じないと考えられます。実際、在外子会社が保有する未上場株式のIFRSに基づく公正価値評価について開示検査の指摘を受け、改めて公正価値を評価して自発的訂正に至った事例が過去に1件公表されており、当該事例でも仮に重要性を充たす程度の金額的影響があれば証券監視委は課徴金勧告を行ったのでないかと想像されます（A社（東証一部、証券・商品先物取引業）による自発的訂正「金融商品取引法における課徴金事例集―開示規制違反編―」（平成27年8月））。

　しかし、開示書類の過年度訂正を行うか否かは上場会社にとっては課徴金や証券訴訟等による法的責任のトリガーになる可能性があり、さらに監査証明を行っていた監査法人にとっては虚偽証明の責任を発生させかねない重要な問題です。細則的なルールや数値基準に反することが明確で訂正が必須であれば過年度訂正に踏み切ることができる場合でも、IFRSの原則に照らして訂正が望ましいといったレベルでは過年度訂正を行うことは容易ではないように思われます。そして、開示検査としても、企業側の自発的訂正がなければ本来あるべき会計処理の認定が容易ではないことから訂正命令を勧告することも躊躇せざるを得ず、検査の出口がみえずに長期化する事態が予想さ

れます。

　日本の会計基準で作成された財務諸表でも見積りが必要となる項目が多くなっていることに加え、上記のようなIFRSの特徴を踏まえると、今後の開示検査では、法令違反とまでは認められないものの、適正な開示とは言い難くて行政としては放置できない事案に直面するケースが増えることになると思われますが、筆者は、そのような問題への対応として開示検査の出口の柔軟化を図る必要があると考えています。すなわち、現在の開示検査の出口は重要な虚偽記載を認定して行政処分を勧告することと、重要な虚偽記載とまでは認められずに法令違反に当たらない場合でも問題のある開示の訂正を企業に促して自発的訂正を行わせることの２つが基本となりますが、**企業が自発的訂正を行わない場合でも「警告」や「注意」を行うことを金融庁長官等に勧告して市場に注意喚起する形での事案処理も開示検査の出口として検討する**余地がありそうです。

　この点では、Question007でも公正取引委員会による独占禁止法の運用を参照しましたが、ここでも公正取引委員会の近時における事件処理の多様化が大変参考になります。独占禁止法の規定には、会計基準に似た抽象的な文言で法令違反の認定が必ずしも容易ではないものがありますが、例えば、法令に違反するおそれのある行為を行っていたとして警告を行う処理（「北海道電力株式会社に対する警告について」（平成29年６月30日））や法令の違反につながるおそれがあるものとして注意を行う処理（「阿寒農業協同組合に対する注意について」（平成29年10月６日））が実際に行われており、こうした処理は開示検査でも導入を検討する余地があると思われます。

　IFRS任意適用会社に対して重要な虚偽記載を認定するまでの検査の長期化に加え、その後に予想される課徴金審判や行政処分の取消訴訟等に数年間を要することが予想されて裁判が確定する頃には事件が風化している可能性が高いことを踏まえると、迅速な事案処理として、企業側が自主訂正しない場合でも当局側の見解を警告や注意という形で早期に市場に示して投資者の投資判断に織り込んでもらうほうが市場監視としては効率的かつ効果的といえそうです。

第3章

監査法人の不正リスク対応の厳格化

Question 031
監査法人の不正リスク対応の傾向

Q 近年、会計不祥事に対する監査法人の対応にはどのような傾向がみられますか

nswer

オリンパス事件以降、監査法人の不正リスク対応が厳格化する流れがあり、データアナリティックスの影響などにより企業が監査法人からの指摘により調査の実施を求められ、監査法人の審査などをクリアするための的確な調査対応を求められるケースの増加が予想されます。

Commentary ▶▶▶

　日本の資本市場では大型の会計不祥事が数年に一度の周期で発生し、その都度、上場会社の適正な情報開示を確保するための制度改正等が行われ、現在では極めて重層化・精緻化された枠組みが構築されています（Question 002参照）。そうした枠組みには金融庁、財務局、証券監視委、監査法人、日本公認会計士協会、金融商品取引所・自主規制法人、証券会社、第三者委員会など様々なステークホルダーが関与してそれぞれが上場会社の適正な情報開示を確保するための一定の役割を担っています。

　そのなかでも、オリンパス事件以降は不正を原因とした財務諸表の重要な虚偽表示が発生するリスクへの監査法人の対応、すなわち監査法人の不正リスク対応を厳格化することにより財務諸表監査の品質を向上させて、上場会

社による適正な企業情報の開示を確保する方向性の取組みが際立っているように思われます。

　具体的には、オリンパス事件後に導入された不正リスク対応基準（Question033参照）による監査法人の品質管理体制強化と不正調査の専門家の関与増大（Question034参照）、さらには、東芝事件における監査法人に対する厳しい行政処分（Question035参照）と監査法人のガバナンス・コードの導入（Question036参照）による監査法人のマネジメント機関の強化やIT導入の流れ（Question037参照）が注目されます。

　こうした流れが実務的にどのような影響を与えるのかが大変注目されますが、今後の傾向としては、**財務諸表監査に導入されるデータアナリティクスなどの影響により上場会社が監査法人から不正の疑義の指摘を受けて調査の実施を求められるケースが増加し、企業が監査法人の監査チームに加わる不正調査の専門家や監査法人内部の審査をクリアするための的確な調査を実施する必要に迫られる**ことが予想されます。

Question 032
監査法人への行政処分

Q オリンパス事件では虚偽表示のある財務諸表の監査を行った監査法人には処分は下されましたか

A nswer

2つの監査法人に対する行政処分が行われましたが、虚偽証明による行政処分は行われず、新規監査契約の受嘱や監査法人の交代時における引継ぎ等に関する指摘事項についての業務改善命令にとどまったため、東芝事件と比較するとその影響は限定的でした。

Commentary ▶▶▶

　オリンパス事件では開示書類の重要な虚偽記載が認定された期間のうち、平成19年3月期、平成20年3月期及び平成21年3月期はあずさ監査法人が、それ以降は新日本監査法人がそれぞれ財務諸表監査を行っていました。
　しかし、財務書類の監査において、重大な虚偽のある財務書類を重大な虚偽のないものとして証明したいわゆる虚偽証明による行政処分等は行われず、いずれの監査法人に対しても業務管理体制を改善する業務改善命令が下されました。

1 あずさ監査法人に対する業務改善命令

　金融庁は、オリンパスの監査証明業務に関して、概ね以下の3つの事実が認められたことをもって業務改善命令を発出しました。
① 過去に問題のあった被監査会社に対するリスク評価の情報を法人本部に集約・フォローする体制が不十分で、法人本部としての実効性のある監査の実施に向けた取組みが十分ではなかったこと
② 取引の経済合理性等に疑問を抱き得るような特異な取引について上級審査の対象事項となることが規定されておらず、監査チームと法人本部が連携した専門部署の機動的な活用等による深度ある組織的な監査が行われていなかったこと
③ 監査人交代の際の引継ぎについて、監査で把握された問題点が後任監査人に引き継がれておらず、法人本部も適切なフォローを行わなかったこと

2 新日本監査法人に対する業務改善命令

　金融庁は、オリンパスの監査証明業務に関して、概ね以下の3つの事実が認められたことをもって業務改善命令を発出しました。
① 当時の状況からすると、監査契約の受嘱の可否を検討するにあたっては、国内企業3社ののれんの減損処理等について前任監査人にその見解や経緯等の詳細な説明を求めた上で受嘱の決定をすべきであったこと
② 監査チームが前任監査人との間で十分な引継ぎを行っておらず、監査チームにも法人本部にも前任監査人が把握した問題点が適切に引き継がれなかったこと
③ 監査チームは国内企業3社ののれん等のリスクを的確に認識することができず、法人本部も特段の分析や監査チームからの聴取を行ってお

らず、法人として組織的な監査を実施するための仕組みが十分に機能していなかったこと

　このように**オリンパス事件では、いずれの監査法人についても相当の注意を怠ったことによる虚偽証明の認定には至りませんでしたが、新日本監査法人の新規監査契約の受嘱やあずさ監査法人から新日本監査法人への監査法人交代の際の不十分な引継ぎが問題視されました**。東芝事件では新日本監査法人が相当の注意を怠ったことによる虚偽証明が認定されて厳しい行政処分（Question035参照）が行われたことと比較すると、オリンパス事件での監査法人に対する行政処分の影響は限定的だったといえそうです。

Question 033
不正リスク対応基準

Q オリンパス事件後に企業会計審議会によって導入された不正リスク対応基準について教えてください

Answer
不正リスクに対応するための監査法人が行うべき監査手続や品質管理を規定したもので、主な内容として職業的懐疑心の強調、不正リスクに対応した監査手続の実施及び不正リスクに対応した監査事務所の品質管理が規定されています。特に監査事務所の品質管理が高度化されて実務的に大きな影響を与えました。

Commentary ▶▶▶

1 不正リスク対応基準が設定された経緯

　Question032で解説したとおり、オリンパス事件で監査証明を行った2つの監査法人に対しては虚偽証明の責任は問われませんでした。しかし、金融機関に対する残高証明の回答に不審な点があったにもかかわらず、不正を疑わないなど監査人として要求される職業的懐疑心の発揮が不十分ではないかという問題が認識されました。
　こうした問題意識を受けて、金融庁の懇談会の審議を経て平成25年に企業会計審議会によって設定されたのが不正リスク対応基準です。

2 不正リスク対応基準の内容

　不正リスク対応基準は上場会社が財務諸表を作成する際に準拠する「一般に公正妥当と認められる企業会計の基準」（財務諸表規則1条1項、連結財務諸表規則1条1項）ではなく、監査法人が財務諸表監査を実施する際に従うべき「一般に公正妥当と認められる監査に関する基準及び慣行」（財務諸表等の監査証明に関する内閣府令3条2項、同条3項5号）の一つです。公認会計士が財務諸表監査を行うにあたって遵守すべき基準として監査基準があり、監査事務所（公認会計士の事務所又は監査法人をいう。以下同じ）の品質管理体制についての基準として監査に関する品質管理基準がありますが、それらに追加して、特に不正による財務諸表の重要な虚偽表示のリスクへの対応に関して準拠すべき独立の基準として取りまとめられたのが不正リスク対応基準です。

　財務諸表監査の目的は企業の経営者が作成した財務諸表がすべての重要な点において一般に公正妥当と認められる企業会計の基準に準拠して適正に表示されていることを保証することにあり、不正の摘発や発見を目的とするものではありません。そして、不正リスク対応基準の導入によってもこうした財務諸表監査の目的が変更されたわけではありません。しかし、不正リスク対応にばらつきがあった状況を踏まえ、リスク・アプローチによる監査の枠組みのなかで実施する不正リスク対応としての監査手続を明確化するため、不正リスク対応基準の策定に至ったものです。

　上場会社の財務諸表監査については、平成28年3月期の期末監査から実際に適用が開始されていますが、四半期レビューについては不正リスク対応基準の適用対象とはされていません。

　不正リスク対応基準には次の内容が規定されています。

(1) 職業的懐疑心の強調

　不正リスク対応基準では、まず、監査人が監査の全過程において職業的懐疑心を「保持」することが必要とされています。また、不正リスクの評価、不正リスク対応としての監査手続の実施、監査証拠の評価の場面において職業的懐疑心を「発揮」することが求められています。さらに、不正による重要な虚偽表示の疑義への該当性の判断、そして、そうした疑義に該当すると判断されて当該疑義に対応する監査手続を実施する場合には職業的懐疑心を「高めて」対応することが必要となります。

(2) 不正リスクに対応した監査の実施

　不正リスク対応基準では、監査の各段階における不正リスクに対応した監査手続等が規定されています。特に注目されるのは、「不正による重要な虚偽の表示を示唆する状況」を付録として明示し、これを識別した場合には経営者に質問して説明を求めるとともに追加の監査手続を実施し、経営者の説明に合理性がないと判断した場合などは「不正による重要な虚偽の表示の疑義」と扱わなければならないとした点です。例えば、社内通報制度や監査事務所の通報窓口に不正に関する情報が寄せられた場合などが「不正による重要な虚偽の表示を示唆する状況」として例示されています。
　そして、不正による重要な虚偽表示の疑義があると判断された場合には、想定される不正の態様等に直接対応した監査手続を立案して監査計画を修正して監査手続を実施することが求められます。
　典型的には、不正の疑義について調査する第三者委員会の設置を求めて、調査報告書を入手し、監査証拠として利用することなどが考えられます。

(3) 不正リスクに対応した監査事務所の品質管理

　不正リスク対応基準では、監査実施の各段階における不正リスクに対応した監査手続を実施するための監査事務所としての品質管理を規定しています。ただし、これも従来の監査事務所の品質管理システムを変更するものではなく、不正リスク対応の観点からの留意点を整理したものに過ぎません。

　しかし、Question034で解説するとおり、**不正リスク対応基準の導入を契機に特に大手監査法人をはじめとして不正リスク対応の品質管理が高度化され、実務的には大きな影響を与えました**。

Question 034
不正リスク対応基準の実務への影響

Q 不正リスク対応基準は財務諸表監査の実務にどのような影響を及ぼしましたか

Answer

特に監査事務所における不正リスク対応の品質管理体制が整備されたことにより、これまで必ずしも表面化しなかった不正が表面化するケースが増えるとともに、監査法人の審査や不正調査の専門家の評価に耐え得る調査対応が企業に求められるようになりました。

Commentary ▶▶▶

1 監査事務所における品質管理体制の強化

　Question033で解説したとおり、不正リスク対応基準は財務諸表監査の目的を不正の摘発や発見に変更するものではなく、従来の監査の枠組みのなかで不正リスク対応の監査手続を明確化したに過ぎません。また、不正リスク対応基準では職業的懐疑心の保持・発揮等が要求されていますが、それによって財務諸表監査の実務に直ちに効果を及ぼすことを期待することも難しく、精神的訓示の意味が大きくて実務的な影響は乏しかったという意見もあるようです。

　しかし、特に、不正リスクに対応した監査事務所の品質管理が規定されたことにより、監査事務所の品質管理体制が強化された結果、実務には少なか

らず影響を与えたと思われます。例えば、不正リスク対応基準には以下のような規定が置かれています。

> ● 不正リスクに対応した品質管理
> 　監査事務所は、不正リスクに留意して品質管理に関する適切な方針及び手続を定め、不正リスクに対応する品質管理の責任者を明確にしなければならない（第三、1）
>
> ● 不正による重要な虚偽の表示の疑義があると判断した場合等の専門的な見解の問合せ
> 　不正による重要な虚偽の表示を示唆する状況が識別された場合、又は不正による重要な虚偽の表示の疑義があると判断された場合には、必要に応じ監査事務所内外の適切な者（例えば、監査事務所の専門的な調査部門等）から専門的な見解を得られるようにするための方針・手続の整備（第三、6）
>
> ● 不正による重要な虚偽の表示の疑義があると判断された場合の審査
> 　不正による重要な虚偽の表示の疑義があると判断された場合には、修正後の監査計画及び監査手続が妥当であるかどうか、入手した監査証拠が十分かつ適切であるかどうかについて、監査事務所としての審査が行われるよう、審査に関する方針・手続の整備（第三、7）

　これらの規定に応じて、監査法人では不正リスク対応の品質管理体制を強化しており、大手監査法人では以下のような対応が行われました。
① 　不正リスク対応の専門的助言を行う窓口や不正発覚時等の対応協議を行う協議会等の新たな組織の設置
② 　不正リスクの状況（不正リスクの識別・対応、兆候を示す状況、示唆する状況、不正の疑義、不正の発覚等の各段階）に応じた初動から審査までの監査業務の流れを説明する規定の設定
③ 　不正調査の専門家が関与する状況を拡大

2 不正調査の専門家が関与する状況の拡大

　不正リスク対応基準では、「不正による重要な虚偽の表示を示唆する状況」

が識別された場合などに「監査事務所の専門的な調査部門等」から専門的な見解を得られるようにするための方針・手続の整備が要求されており、これに対応した監査事務所の品質管理体制の強化により、財務諸表監査における不正リスク対応では、不正調査の専門家が関与する場面が増えています。

ここでいう不正調査の専門家とは、一般的には証券監視委といった当局で調査経験を有するなどして不正調査の実務に精通した公認会計士や公認不正検査士などの専門家に加え、デジタル・フォレンジック（Question043参照）の専門家などで構成されるいわゆるフォレンジック部門と呼ばれる専門家チームをいいます。特に大手監査法人では、法人内あるいはグループ内に会計不祥事の対応事例や実務経験が集積されたフォレンジック部門を擁しており、不正リスク対応の品質管理としてこうしたフォレンジック部門を財務諸表監査に関与させる取組みを行っています。

例えば、不正リスク対応で想定される不正調査の専門家としてのフォレンジック部門の関与とは、以下のようなものです。

① 会社が実施する調査の計画・結果の評価の実施又は助言
② 監査計画への影響の評価に対する助言
③ 不正の態様等に直接対応する手続の策定及び結果の評価への助言
④ 上記に関連する監査調書の作成における助言

ここでいうフォレンジック部門が助言を提供する相手は監査対象の企業ではなく、あくまでも監査チームとなりますが、フォレンジック部門の専門家が監査チームに加わって会社が実施する調査の体制や調査計画・手続などについて会社や調査委員会の委員に直接質問するなどして財務諸表監査の現場対応も行うことになります。

3　会計不祥事対応の実務への影響

それでは、オリンパス事件後のこうした監査事務所における不正リスク対

応の品質管理体制の強化は会計不祥事対応の実務にどのような影響を与えたのでしょうか。

　まず、不正リスク対応の相談窓口等が監査法人内に設置され、不正リスク対応の初動から審査までの各段階に応じて手続が明確化されたことにより、**従来であれば必ずしも表面化しなかった不正リスクが表面化するケースが増加した**と考えられます。財務諸表監査で不正リスクに直面した場合でも、企業と直接対峙する現場の監査チームの判断によって、企業に保守的な引当金の計上等の対応をしてもらうなどすれば無限定適正意見を表明するような例もかつては少なからずあったようです。しかし、不正リスク対応の協議窓口との協議や審査が求められる厳格化された品質管理体制のもとでは、監査チームの判断で事態が収束する余地はほぼなくなりつつあり、監査事務所としての慎重な対応が行われるようになるケースが増えてきました。その結果、従来であれば企業の説明や保守的な会計処理で事態が収束していた場面でも監査法人が納得せず、企業側に客観的かつ中立的な調査対応を求めるようになり、必然的に適時開示等により事案が表面化する例が増えています。

　次に、不正調査の専門家が関与する必要性が明確にされたことにより、不正調査の専門家であるフォレンジック部門が監査チームに加わって不正リスク対応を行うケースが増えてきました。典型的には、上記2のとおり、監査対象の企業が実施する調査の体制や調査計画・手続を検証し、調査結果の監査証拠としての利用可能性の観点から評価するために不正調査の専門家が活用されるケースです。

　監査法人の不正リスク対応の厳格化により、企業側で調査対応を行うケースが増えるとともに、**監査法人内の審査や不正調査の専門家の評価に耐え得る調査を行うため、企業側が実施する調査対応の実務も表層的かつ形式的なものでは足りず、外部の専門家を積極的に活用するなどして高度化する傾向**がみられるようになりました。

Question 035
東芝事件と監査法人への行政処分

Q 東芝事件では、監査法人にはどのような行政処分が下されましたか

nswer

新日本監査法人に対して、相当の注意を怠ったことによる虚偽証明と監査法人の運営が著しく不当との理由による業務改善命令に加え、相当の注意を怠ったことによる虚偽証明による21億1100万円の課徴金納付命令が発出されました。

Commentary ▶▶▶

1 監査法人及び公認会計士に対する懲戒処分等

　金融庁は、平成27年12月22日、新日本監査法人に対し、契約の新規の締結に関する業務の停止3カ月及び業務改善命令の行政処分を行いました。

　処分理由は2つあり、1つ目は、平成22年3月期、平成24年3月期及び平成25年3月期の財務書類の監査において、7名の公認会計士が相当の注意を怠って重大な虚偽のある財務書類を重大な虚偽のないものとして証明したいわゆる虚偽証明です。この虚偽証明については審判手続を経て監査法人自体に対する課徴金納付命令の行政処分も行われています。

　2つ目は新日本監査法人の運営が著しく不当と認められた点です。

　虚偽証明については以下の課徴金納付命令で説明するので、ここではどの

ような点で監査法人の運営が著しく不当なものと認められたのかについて説明します。それは、公認会計士・監査審査会の行政処分勧告を受けて、金融庁が調査した結果、4つの事実が認められたことを理由としています。

●●● (1) 過去の指摘事項に対する改善が不十分 ●●●

過去の公認会計士・監査審査会の検査や日本公認会計士協会の品質管理レビュー等で、リスク・アプローチに基づく監査計画の立案や分析的実証手続等の監査手続の不備を繰り返し指摘され、新日本監査法人は改善に向けた取組みを強化してきたとしています。しかし、品質管理本部及び各事業部等における原因分析を踏まえた改善策の周知徹底が図られておらず、改善に向けた取組みが有効に機能していないなど組織全体としての十分な改善ができてない点が指摘されています。

●●● (2) 著しく不十分な品質管理態勢 ●●●

品質管理本部及び各事業部等において過去の公認会計士・監査審査会等の検査結果等に対する原因分析を踏まえた改善策の周知徹底及び浸透が十分に図られておらず、実効性ある改善を確保するための態勢を構築できていないことから、監査手続の不備に改善が図られない状況が継続しているとして品質管理態勢が著しく不十分である点も指摘を受けています。

●●● (3) 個別監査業務における監査手続の重要な不備 ●●●

個別監査業務においても業務執行社員の職業的懐疑心の不十分な保持・発揮、また、監査証拠の十分性及び適切性についての検討姿勢の不足に起因して、過去の公認会計士・監査審査会の検査等で指摘された監査手続の重要な不備が依然として認められることに加え、リスクの高い項目に係る監査手続

に重要な不備が認められる点も指摘されています。

●●● (4) 十分に機能していない審査態勢 ●●●

監査業務に係る審査においても、審査担当社員が監査チームから提出された審査資料に基づき審査を実施するのみで、監査チームが行った重要な判断を客観的に評価していないことや、監査チームが不正リスクを識別している工事進行基準に係る収益認識について、監査調書を確認せず、監査チームが経営者の偏向が存在する可能性を検討していないことを見落としているなど、監査チームが行った監査上の重要な判断を客観的に評価できておらず、審査態勢が十分に機能していない点が指摘されています。

2 相当の注意を怠ったことによる虚偽証明による課徴金納付命令

平成22年3月期、平成24年3月期及び平成25年3月期の有価証券報告書の虚偽証明については上記業務改善命令の理由としても挙げられていましたが、平成27年12月22日、平成24年3月期の虚偽証明と平成25年3月期の虚偽証明について、公認会計士法上の課徴金納付命令の審判手続開始決定が行われ、平成28年1月22日、平成19年公認会計士法改正で導入された虚偽証明に対する課徴金納付命令が初めて発出されました。

具体的には平成24年3月期及び平成25年3月期の財務書類について次のとおり相当の注意を怠ったことによる虚偽証明と認定され、課徴金21億1100万円の納付が命じられました。

●●● (1) パソコン事業について ●●●

パソコン事業については、平成24年3月期と平成25年3月期において、監査補助者が毎四半期末月の製造利益が他月に比べ大きくなっている状況や

四半期末月の製造原価が非常に低い水準からマイナスとなる異常値を認識し、その理由について、部品メーカーからの多額のキャッシュバックがあったためである旨の回答まで受けていたにもかかわらず、監査調書に記載する以上に監査チーム内で情報共有をしなかった点が指摘されています。
　また、業務執行社員も、監査チーム内において不正の兆候を把握した場合の適切な指示、指導及び監督を十分に行っていなかった結果、必要な監査手続が実施されず、自己の意見を形成するに足る基礎を持たなかったとの指摘もなされています。

●●● (2) 半導体事業について ●●●

　半導体事業については、平成24年3月期において、監査チームは、期末監査に際し、前工程で発生した原価差額を減額し、後工程の原価差額を同額増額する旨の説明を受け、前工程における原価差額の減額が行われていたことを認識していたにもかかわらず、後工程における原価差額の増額が行われているかを、十分かつ適切な監査証拠を入手するなどの裏付けをもって確認せず、後工程における原価差額の増額は当然に行われていると思い込み、その確認を怠った点が指摘されています。
　また、平成25年3月期において、同期中に東芝が臨時の標準原価の改訂を実施し、前工程の標準原価のみを増額改訂し、後工程の標準原価の改訂を行っていなかったところ、これにより後工程において架空の原価差額が発生し、その一部を在庫に割り振ることにより完成品原価に割り振られる原価差額が減少した結果、過大な利益が計上されるに至っていたにもかかわらず、監査チームは、上記臨時改訂が行われれば、当然に東芝から報告等があるものと思い込み、また、前後工程の標準原価は整合していると思い込み、これらの確認を怠ったことも指摘されています。

●●● (3) 工事進行基準適用事案について ●●●

　工事進行基準適用事案については、平成25年３月期において、ETC設備更新工事事案について、監査チームにおいて工事進行基準売上や受注工事損失引当金を特別な検討を必要とするリスクとして識別していたにもかかわらず、監査補助者は、東芝からの説明を鵜呑みにし、また、東芝から提出された発番票などの資料を確認するにとどまり、見積工事原価総額の内訳などについての詳細な説明や資料の提出を受けておらず、また、業務執行社員自身も、見積工事原価総額の内訳などについての詳細な説明や資料の提出を受けておらず、経営者が使用した重要な仮定の合理性や見積りの不確実性の検討過程を評価していないなど、特別な検討を必要とするリスクに対応した十分かつ適切な監査証拠の入手ができていなかった点が指摘されています。

3 平成22年３月期についての処理

　東芝に対する課徴金納付命令では平成22年３月期の有価証券報告書を参照書類とする発行登録追補書類の重要な虚偽記載も認定されており（Question028参照）、新日本監査法人に対する業務改善命令の行政処分でも、平成22年３月期の監査で、パソコン事業に起因する財務書類の虚偽証明が認定されています。

　他方、虚偽証明による課徴金納付命令では平成27年12月22日付審判手続開始決定の時点において平成22年３月期の財務書類に対する虚偽証明は既に対象外とされています。開示書類の提出者に対する金商法上の課徴金の除斥期間が５年とされているのに対し、公認会計士法上の虚偽証明による課徴金の除斥期間は会計期間の末日から７年間（公認会計士法34条の40第２項）とされているため、平成22年３月期の虚偽証明については除斥期間が経過していたわけではありませんが、課徴金納付命令の対象外とされた理由については定かではありません。

4 行政処分の影響

　オリンパス事件では監査証明を行った2つの監査法人に対する行政処分は前任監査法人から後任監査法人に対する引継ぎの問題を中心とする業務改善命令にとどまりました。しかし、東芝事件では経営者不正で東芝側の落ち度も大きかったにもかかわらず、財務諸表監査を行っていた新日本監査法人に対して新規契約の業務停止等の行政処分に加え、課徴金納付命令まで下されました。

　監査法人の関係者もここまで厳しい行政処分を予想していた者は少なかったと思われ、新日本監査法人が危機的状況に陥るとともに業界関係者にはかなりの衝撃を与えました。**財務諸表監査の不正リスクが顕在化した場合の影響の甚大さが改めて再認識され、監査法人の不正リスク対応が益々厳格化する方向で実務に対して大きな影響を与えた**と思われます。

Question 036

監査法人のガバナンス・コードと不正リスク対応への影響

Q 監査法人のガバナンス・コードと監査法人の不正リスク対応に対する影響を教えてください

Answer

監査法人のガバナンス・コードは監査法人の組織的な運営を促進して監査品質を確保するための原則と指針です。各監査法人の規模や特性等によって適用状況が異なりますが、監査品質の考え方の相違が監査の現場に与える影響や、大型事件における経営機関の主体的な関与といった点は今後の監査法人による不正リスク対応の実務に影響を及ぼす可能性があります。

Commentary ▶▶▶

1 監査法人のガバナンス・コードとは

　東芝事件を契機に平成27年10月に設置された「会計監査の在り方に関する懇談会」の提言を受け、大手上場会社等の監査を担う監査法人における組織的な運営を確保するとともに、監査法人の経営陣によるマネジメント改革の取組みをサポートする観点から検討会の審議を経て平成28年3月31日に作成・公表されたのが監査法人のガバナンス・コードです。
　監査法人のガバナンス・コードは、監査品質の確保に向けた5つの原

則、すなわち、①監査法人が果たすべき役割、②組織体制（経営機能）、③組織体制（監督・評価機能）、④業務運営、⑤透明性の確保とそれを適切に履行するための指針から構成されており、その特徴として、コンプライ・オア・エクスプレインの手法が採用され、各監査法人がそれぞれの規模や特性等に応じて、原則を実施するか、実施しない場合にはその理由を説明することが求められています。

2 監査の品質についての考え方

　平成29年10月26日時点では大手監査法人を含む14の監査法人が監査法人のガバナンス・コードを採用しており、それらの監査法人は、原則5の透明性の確保に従って、同コードの適用の状況や監査の品質向上に向けた取組みを説明する報告書を作成して自身のウェブサイト等で情報開示を行っています。

　こうした情報開示自体が直ちに財務諸表監査の実務に直接的な影響を及ぼすものではありませんが、各監査法人は創意工夫によりそれなりに各ファームの個性が表れた報告書を作成しており、資本市場の関係者からの評価に用いられ、さらにフィードバックを受けることにより監査法人の組織的な運営の改善につながっていくことが期待されます。

　筆者が特に注目したのは「監査の品質」についての各監査法人の考え方です。法人として考える監査の品質の意味を示していない監査法人もありますが、例えば、国内最大手の新日本監査法人は「私たちが目指す監査品質とは、被監査会社のビジネスを理解し、ビジネスリスクに対応した深度のある監査を実施すること」と定義しています（新日本有限責任監査法人「監査品質に関する報告書」（平成29年10月）31頁）。他方、監査法人トーマツは「高品質な監査」とは、「監査チームが、重要な内部統制の不備や不正は見逃されるべきではないという社会の期待に応えるために、職業的懐疑心を適切に発揮すること、被監査会社のビジネスを深く理解し、会計及び内部統制に関す

る専門的知見を生かした監査を実施すること、その過程において被監査会社と課題を共有し、被監査会社に対し今後の経営に資する率直かつ深度あるコミュニケーションを行うことを実践すること」と定義しています（有限責任監査法人トーマツ「監査品質に関する報告書2017」（平成29年10月）3頁）。

　同じ大手監査法人でも、監査の目的は不正の発見ではないという基本的な考え方をベースにしている新日本監査法人と比較すると、職業的懐疑心の発揮や不正を見逃さないという社会の期待に応えるということを正面から唱える監査法人トーマツは一歩踏み込んだ考え方をしています。このような監査法人間の考え方の相違が財務諸表監査の現場の公認会計士のマインドや姿勢にどのような影響を与えるかは大変興味深いテーマであり、このような比較ができるようになったこと自体が監査法人のガバナンス・コードで透明性の原則が規定された恩恵ともいえそうです。

3　経営機関の主体的な関与

　監査法人のガバナンス・コードの原則2の「組織体制」指針2－2では、経営機関の役割として明確にすべき事項の一つとして、「監査品質に対する資本市場からの信頼に大きな影響を及ぼし得るような重要な事項について、監査法人としての適正な判断が確保されるための組織体制の整備及び当該体制を活用した主体的な関与」が規定されています。

　要するに、東芝事件のような重要な事案について適正な判断が確保されるための組織体制の整備と経営機関自体の主体的な関与ということですが、この点では、新日本監査法人の取組みとして、理事長が議長を務めて外部の有識者も参加する監査品質監督会議を設置し、社会的影響が大きいと考えられる重要案件や高度な監査上の判断が求められる重要案件については法人として必要な対応を指示するとしており、品質管理体制の整備・運用にとどまらずに個別案件の対応にも関与する点で大手監査法人のなかでも一歩踏み込んだ対応のように思われます（新日本有限責任監査法人「監査品質に関する報告

書」（平成29年10月）33頁、46頁）。

　いずれにしろ、特に資本市場に大きな影響を及ぼし得るような大型案件については現場任せではなく監査法人の経営機関としての主体的な関与が想定されることになり、監査法人による財務諸表監査の不正リスク対応がさらに厳格化する一因となりそうです。

> **Column ▶▶▶**　**会計不祥事対応のプロフェッショナルたち**
> ―大事なものは？―
>
> 　筆者はこれまで検察、証券監視委、監査法人、弁護士の立場で会計不祥事対応に携わってきましたが、この世界が大変興味深いと思うのは様々な分野のプロフェッショナルたちの協働作業が必要となる点です。事実認定に秀でたヤメ検の弁護士、コーポレート・ガバナンスに精通した企業弁護士、企業会計や監査実務に精通した公認会計士、デジタル・フォレンジックの専門家などに加え、証券監視委や金融庁・財務局といった当局では開示行政に精通した行政官や金融機関出身者も一種のプロフェッショナルとして関与します。
>
> 　当局で調査に関与する場合でも民間で調査委員会のメンバーになる場合でも自分と異なるバックグラウンドのプロフェッショナルとチームを組んで仕事をするのは大変刺激的です。ワード、エクセル、パワーポイントで文体も異なる資料が入り乱れ、以心伝心が通用しない異文化コミュニケーションの世界はまさにダイバーシティを体現しているといえそうです。
>
> 　何の共通言語もないこうした世界で経験を積んでいくと、自分自身の専門性を磨くことも大事ですが、他の専門分野の知識を深めて隣接するプロフェッショナルとのコミュニケーション能力を高めることや、異文化混成チームでのプロジェクト・マネジメントの経験値を増やすことの重要性に気がつきます。法律家でありながら行政判断や監査の話、テクノロジーの話にまで首を突っ込む本書の執筆もその取組みの一部といえなくもありませんが、よくよく周りをみてみると会計不祥事対応のプロフェッショナルの世界だけではなく世の中一般的な傾向のようにも思われます。伝統的に自前主義が強かった日本企業があっさりとベンチャー企業と手を組んでコラボする現象は頻繁にみられるようになってきました。
>
> 　本書で言及した行政判断の話、監査の話、テクノロジーの話も各分野のプロフェッショナルからお叱りを受けそうな中途半端な内容であることは重々承知していますが、こうした世界観を体現する試みとしてご容赦いただければ幸いです。

Question 037
東芝事件後の監査品質の向上に向けた取組み

Q 東芝事件後にみられる監査法人の監査品質の向上に向けた取組みで注目すべきものはありますか

Answer

財務諸表監査のIT化の流れのなかで、不正リスク対応のIT活用の取組みとしてはCAATから進化したデータアナリティックスの導入や訂正されるリスクが高い財務諸表を抽出する不正会計予測モデルの活用が注目されます。

Commentary ▶▶▶

1 財務諸表監査のIT化の流れ

東芝事件後の傾向として、監査法人がITの有効活用に積極的に取り組む状況がみられるようになり、監査法人のガバナンス・コードの原則2「組織体制」指針2−2では、経営機関の役割を明確にすべき項目の一つとして、監査業務の効率化及び深度ある監査を実現するためのITの有効活用の検討・整備が規定されています。

働き方改革の流れもあり、大手監査法人では、監査業務の効率化を実現するためのIT活用は現状においても電子監査調書の利用などで既に導入しているところではありますが、将来的には棚卸資産の実在性に関する監査手続

にドローンを活用することやグループ会社間の取引の照合でブロックチェーンを活用することなども視野に入れたさらなる効率化に向けた取組みも行われているところです。

他方、深度ある監査の実現に向けた不正リスク対応におけるIT活用の取組みとしては、データアナリティックスと不正会計予測モデルが注目されます。

2 データアナリティックスの導入

監査における電子データの活用はコンピュータ利用監査技法（Computer Assisted Audit Techniques）、いわゆるCAATとして以前から方法論としては存在していましたが、被監査会社から仕訳データを入手して仕訳テストを実施するなどシンプルなもので大量データを扱えないという問題がありました。

しかし、近時の分析ツールの進化等により、近時のデータアナリティックスは、大量データ、しかも会計データや取引データといった企業の内部データにとどまらず公開情報などの外部データも含めた様々な電子データを組み合わせて多角的に分析することを実現させ、リスクスコアリングや統計分析なども駆使した分析結果をいわゆるダッシュボードと呼ばれる画面に可視化することが可能となりました。

こうした分析手法の活用により、従来は母集団の一部をサンプル抽出して実施していた監査手続について、全データを対象とした分析により全体の傾向から外れた異常な取引等を抽出してより深度ある監査手続を実施するといったことが実現可能になりました。

特に不正リスク対応の場面では分析ツールの柔軟性を活かして各企業の業態や内部統制の状況等を勘案して特定の不正を想定した分析シナリオを設定し、各企業の保有データの状況に応じて入手可能なデータを活用しながらオーダーメイドで分析モデルを構築することが可能となり、不正の兆候等の

発見に威力を発揮することが期待されています。つまり、**特定の企業の業種やデータの保有状況、想定される具体的な不正の手口に応じて様々な切り口で様々なデータを組み合わせて多角的に分析することにより従来のサンプリングと比較すると深度の高い不正リスク対応の監査手続が実現できます。**

　特に大手監査法人は、こうしたデータアナリティクスを不正リスク対応の目玉として、監査品質に対する感度の高い大手企業に対する財務諸表監査をはじめとしてほぼ全面的に展開しつつあります。このようなデータアナリティクスで発見された異常な取引については不正リスク対応基準（Question033参照）でいうところの「不正による重要な虚偽の記載を示唆する状況」として扱われ、経営者が合理的な説明ができなければ「不正による重要な虚偽の記載の疑義」として監査法人が実態解明のための調査対応を企業に求めるケースが増えることが予想されます。

3 不正会計予測モデルの導入

　既に新日本監査法人が平成28年7月から導入している「不正会計予測モデル」も非常に興味深い取組みの一つです。

　これは、有価証券報告書などに含まれる公開情報を分析データとして用いて上場会社が過去に行った財務諸表の訂正の傾向などを機械学習させ、過去に重要な虚偽表示や有価証券報告書の訂正があった財務諸表の特徴に基づき、重要な虚偽表示や有価証券報告書の訂正が生じる可能性を予測する方法と説明されています（新日本有限責任監査法人「監査品質に関する報告書」（平成29年10月）17頁、39頁）。

　会計上許容される範囲内で経営者によって行われる裁量行動は「利益調整」といわれていますが、そうした利益調整の動機や手法を解明する研究領域が米国を中心に発展しており、不正会計の予測にも活用できると考えられています。不正会計予測モデルはこうした経営者の利益調整の研究をベースに構築されています。また、米国証券取引委員会が2012年に導入した

Accounting Quality Modelもこれと同様に利益調達の研究をベースに構策されたモデルのようです（Question030参照）。

　新日本監査法人ではこうしたモデルを不正が検出される前の段階の監査上の対応で活用し、監査チームに対して監査対象の企業が作成する財務諸表の傾向についての説明や注意喚起を行うなどして品質管理の向上に役立てている模様です。

　証券監視委がRegTechの取組みで開示規制違反の監視手法として導入を検討するマクロ経済動向や企業の財務情報等の様々なデータから企業の不適正会計の兆候を早期に発見するための技術もこれに似たようなモデルとなることが予想されますが、技術者の確保や陳腐化のリスクを踏まえると、当局が自前でこうしたモデルを開発するよりは監査法人のこうした取組みを支援したほうが日本の資本市場全体における上場会社によるディスクロージャーの質の向上には役立つかもしれません（Question030参照）。

第4章

会計不祥事対応の実務

Question 038
会計不祥事対応を迫られるケース

Q 今後、企業が会計不祥事対応を迫られる展開としてはどのようなケースが増えると予想されますか

Answer

大規模上場会社に対する継続的監視の強化により開示検査による発覚のリスクは相対的に低下する一方、監査法人の不正リスク対応のさらなる厳格化によって大規模上場会社も含めて監査法人の指摘を契機として調査対応を求められるケースの増加が予想され、今後は、当局対応よりも監査法人対応が主戦場となりそうです。

Commentary ▶▶▶

　証券監視委の開示検査は東芝事件の影響により大規模上場会社に対する継続的な監視を強化する方向性に運用をシフトさせ、リソースを継続的なモニタリングに配分する傾向がみられることからすると、特に大規模上場会社はこれまでよりも注意が必要となります（Question029参照）。しかし、その反面、従来型の通常の検査に割くリソースが少なくなって検査件数の減少が懸念されることに加え、根本原因の究明に向けた深度のある分析によって個別の検査事案の長期化が予想されることなどからすると開示検査の全体としての摘発件数が劇的に増えることはなさそうです。ここ数年における開示規制違反の課徴金勧告件数の減少傾向もこうした状況が背景にあります（Question008参照）。

したがって、証券監視委の開示検査によって会計不祥事が発覚するリスクは相対的には低下したともいえそうですが、他方で、監査法人の不正リスク対応の厳格化により監査法人の財務諸表監査で会計不祥事が発覚するケースが今後は増加することが予想されます。

　オリンパス事件後の不正リスク対応基準の導入により監査法人の品質管理体制が強化され、その影響によって従来では表面化しなかった会計不祥事が表面化するようになりましたが、その大半はもともと内部管理体制やガバナンスが脆弱な上場会社であって、大規模上場会社の会計不祥事が表面化するケースはそれほど多くはなかったように思います。

　ところが、東芝事件後にみられる監査法人の不正リスク対応のさらなる厳格化によって、大規模上場会社の側からも監査法人の監査品質に対する要求水準が高まる結果となり、そうした要求に応じて、大手監査法人が競い合って不正リスク対応を強化し、不正調査の専門家であるフォレンジック部門による支援体制を喧伝するとともに、効率的かつ深度ある監査を実現する観点からデータアナリティックスといったITの導入を展開しつつあります。しかも、こうした高度化された監査は、監査品質に対する要求水準が高いいわゆる一流企業といわれる大規模上場会社から順番に導入され、不正リスクが顕在化しやすい状況が生まれているようにもみえます。

　その結果、東芝事件後の傾向としては、監査法人からの指摘によって調査委員会を設置するなどして調査対応を行うケースが益々増加することが予想され、しかもその対象としては大規模上場会社も含まれると考えられます。

　従来、**会計不祥事の対応では証券監視委の開示検査といった当局対応が重視されることが多かったように思いますが、今後は当局対応よりも監査法人対応が主戦場となる**といえそうです。

Question 039
会計不祥事の疑義を把握した場合の対応

Q 証券監視委や監査法人の指摘により会計不祥事の疑義を把握した場合、企業としては、どのような対応が必要となりますか

Answer

証券監視委、監査法人、金融商品取引所、財務局といったステークホルダーとの調整を同時進行で進めながら、企業が主体的に調査を実施して事実関係の確認等を行う必要があります。初動の段階では①調査体制、②調査事項(いわゆる調査スコープ)、③フォレンジック調査の要否・範囲といった点が問題となることが多いといえます。

Commentary ▶▶▶

　証券監視委の開示検査の指摘を受けた場合であっても、監査法人から指摘を受けた場合であっても、企業情報を開示する責任を有するのは企業自身であり、まずは企業が自ら主体的に調査を実施して事実関係を確認するなどして対応する必要がある点では同様です。証券監視委の開示検査による指摘を受けた場合には、直ちにその事実を監査法人に報告して対応を検討するのが一般的であるため、企業は証券監視委と監査法人の双方と調整を行いながら調査対応を進める必要があります。
　会計不祥事の疑義を把握した企業が調査対応を実施するにあたって初動の

段階で特に問題となることが多いのは、**①調査体制**（Question040参照）、**②調査事項（いわゆる調査スコープ）**（Question042参照）、**③フォレンジック調査の要否・範囲**（Question043参照）と思われます。

　これらのポイントは証券監視委や監査法人にとっても大きな関心事となることから、それぞれ意見調整を行って対応を決める必要があります。

　また、会計不祥事の調査対応を行う場合には、調査委員会の設置等の適時開示の関係で金融商品取引所、継続開示書類の提出期限の延長承認を受けるための財務局との調整も必要となることがありますが、金融商品取引所や財務局も上記①～③の問題に対して、投資者保護の観点から一定の見解や要望を持っていることがあるので、調整が必要となります。

　このように会計不祥事の疑義を把握して企業が調査を実施する場合、企業の適正な情報開示を確保するための体制のキーとなる多数のステークホルダー対応を同時進行で行う必要があるので留意が必要です（Question002参照）。

Question 040
会計不祥事の調査体制

Q 会計不祥事の調査はどのような体制で実施すべきですか

nswer

委員会方式の調査体制としていくつか選択肢がありますが、特に経営者不正が疑われた場合は第三者委員会がほぼ不可避となります。従業員不正や海外子会社不正の場合には社内調査委員会等の調査体制も可能となりますが、外部の専門家をどのような形で関与させるかはケースバイケースで判断されます。

Commentary ▶▶▶

1 調査体制の選択肢

　会計不祥事の場合に限らず、近時の企業危機で企業が調査を行う場合には委員会方式の調査対応が行われることが一般的な実務となってきています。
　そして、委員会方式の調査で、実務上、企業の選択肢となり得るのは、①利害関係のない外部の専門家のみによって構成されるいわゆる第三者委員会、②社外役員と外部の専門家によって構成される調査委員会、③社内の役職員によって構成される社内調査委員会ではないかと思います。ただし、③の社内調査委員会であっても完全に社内の役職員のみによって構成される例は少なく、外部の専門家が委員あるいは調査補助者として加わるケースが多

いように思われます。

　業界慣行や社内の事情、取引実務に通じた社内関係者によって組成された社内調査委員会で調査を進めたほうが迅速に実態解明に至る可能性が高まる一方、社内の人間関係や派閥などのしがらみによってかえって実態解明が困難となり、市場関係者などのステークホルダーからはお手盛りの調査の疑念を持たれる可能性もあります。

　他方、利害関係のない外部の専門家を活用すればステークホルダーから調査の客観性に疑念を持たれる可能性は少なくなりますが、業界慣行や社内の事情、取引実務に精通しているとはいえないため、短期間で的確な実態解明にまで至ることができるのかが大きな課題となります。

2　第三者委員会が必要となる場合

　日本取引所自主規制法人が平成28年２月24日に制定・公表した不祥事対応プリンシプルは上場会社の不祥事対応に関する基本的な原則を規定しており、原則①では、不祥事の根本的な原因の解明のために必要十分な調査体制を構築することに務めることが強調されています。そして、原則②では、第三者委員会の設置が有力な選択肢となるケースとして、内部統制の有効性や経営陣の信頼性に相当の疑義が生じている場合、当該企業の企業価値の毀損度合いが大きい場合、複雑な事案あるいは社会的影響が重大な事案である場合を例示しています。

　不祥事対応プリンシプルは「不祥事」を定義しているものではなく、様々な不祥事を射程に入れた原則だと考えられますが、**会計不祥事の場合には、特に経営者不正が疑われる事案（不祥事対応プリンシプルでいう「内部統制の有効性や経営陣の信頼性に相当の疑義が生じている場合」）では監査法人から第三者委員会の設置を求められるケースが多く**、その場合には企業としては監査法人から適正意見を得るために第三者委員会の設置はほぼ不可避となるので、その意味では企業の選択の余地は他の不祥事類型よりも狭まるといえま

す。

　筆者のこれまでの実務経験では、証券監視委は正確な企業情報の迅速・公平な開示、すなわち適正な訂正開示が迅速になされれば、その過程における企業の調査体制にはそれほど強い要請はしないことが多かったように思います。しかし、証券監視委は、東芝事件以降、日本取引所自主規制法人と同様に根本原因の究明を重視する方針を打ち出していることから、今後は、市場関係者の目線から根本原因の究明までを的確に実施できる調査体制として、より中立性や客観性の高い第三者委員会の設置を企業に要求するケースが増えてくる可能性があります。

3 社内調査委員会等の調査体制

　会計不祥事の調査でも、従業員不正や海外子会社の不正が想定されるケースでは第三者委員会の設置が必要となるケースは少なく、社内調査委員会や社外役員と外部専門家で組成される調査委員会が選択されることが多いように思います。ただし、調査開始当初に想定された不正の疑義が調査の過程で広がりをみせ、経営陣の関与が疑われるに至って第三者委員会に移行する例も散見されます。

　これらの調査委員会を選択する場合、独立社外役員も含めて調査でリーダーシップを発揮することでき、調査対象となる事業や取引に関与していない適切な役職員を委員として選任することが重要となりますが、それと同時に、外部の専門家をどのように活用するかも重要な検討課題となります。すなわち、第三者委員会以外の社内調査委員会等の場合には企業のイニシアティブで調査体制を構築することができますが、会計不祥事の調査では、企業会計や監査実務の知見やフォレンジック調査の実務など社内のリソースでは賄えない知見を外部の専門家を活用して補う必要があります。典型的には**不正調査の実務経験のある弁護士と公認会計士を調査体制に加えるのが一般的ですが、こうした外部の専門家を調査補助者として活用するか、調査委員**

会の外部専門家の委員として活用するかはケースバイケースで判断されます。筆者の実務経験では、調査補助者として調査委員会の決定した調査方針の実施や助言をすることにとどまらず、重要な調査方針の決定等にも外部の専門家が調査委員会の委員として関与したほうがより調査の中立性や客観性が担保され、ステークホルダーに対する説得力も高くなるケースが多いように思われます。他方、フォレンジック調査の専門家については調査委員会の方針と指示に従って活動する調査補助者として参加することが一般的です。

Column ▶▶▶ なんちゃって第三者委員会と弁護士の見識
―先生のお立場は？―

　いつの頃からか会計不祥事の対応では企業が第三者委員会を設置して調査する事例がみられるようになりました。企業のビジネスを全く知らない第三者がいきなり調査をやって短期間に実態が解明できるものなのかという疑問はさておき、企業が自浄作用を発揮してステークホルダーの信頼を取り戻すためにそのような方策をとることも特段否定されるべきものではありません。しかし、問題は第三者の顔をして第三者委員会の委員となりながら、いつの間にか企業の代理人のような立場になってしまう弁護士などの専門家が時折みられることです。

　筆者が証券監視委勤務時に経験した事例は、開示検査の指摘を受け、会社が第三者委員会を設置して調査したものの、過年度訂正を行わなかったことから、証券監視委は徹底的に実態解明を行うべく立入検査を実施しました。

　すると、第三者委員会の委員である弁護士が会社の当局対応を助言し、会社として選択し得る会計処理を複数提示して、メリットとデメリットを含めて懇切丁寧にアドバイスしているメモやメールが発見され、表面的には第三者委員会といいながら会社にとって頼りになるアドバイザーとして活動している様子がうかがえました。

　第三者委員会は調査が終われば解散して会社とは無関係になるのが通常ですが、この弁護士はその後もバンクミーティングに出席して会社の立場を説明し、証券監視委にも会社の状況をご説明にいらっしゃいました。

　「先生のお立場は？　本日は第三者委員会ではなく、会社の代理人のお立場でいらしたのでしょうか？」と思わず聞いてしまいましたが、一瞬絶句した後、「いやー、会社から頼まれたものですから」といってその後はすっかり会社の代理人として活動されました。得てして腕の良い弁護士に限って会社に取り込まれてしまう点があるのもこの問題の難しいところですが、第三者委員会の活動が世の中の信頼を得るためにはこうした例は根絶しなければならないでしょう。

Question 041
第三者委員会の設置とその留意点

Q 会計不祥事対応で第三者委員会を設置する場合の留意点を教えてください

Answer

委員の適格性や客観性、さらには、経営陣にとって都合の良い委員を選任したと疑われないためには委員の選定プロセスにも留意する必要があります。会計不祥事を調査する第三者委員会の委員の選任は監査法人の意見を踏まえて行うことが重要です。

Commentary ▶▶▶

1 開示検査基本指針と第三者委員会

　開示検査基本指針では、検査対象先の企業が、不適正な会計処理の疑義につき利害関係のない外部の専門家によって構成される外部調査委員会を設置して調査を実施したケースについて、「外部調査委員会の独立性、中立性、専門性及び調査手法の有用性・客観性」を十分検証して合理性が認められた場合、調査資料や調査結果等を開示検査の事実認定において判断材料とすることができると規定しています（同指針Ⅱ、1、1－2、(3)②）。
　ここでいう「外部調査委員会」は一般的に第三者委員会と呼ばれる調査委員会と同義と考えられますが、こうした規定は、企業が自浄作用を発揮する一環として自らが主体的に事実関係を解明してステークホルダーに対する説

明責任を果たす目的で第三者委員会を設置する実務の定着を踏まえ、開示検査でもそうした自浄作用の発揮による開示書類の自発的訂正に向けた取組みを尊重する姿勢を示すとともに、調査結果の利用可能性を認めることにより開示検査の効率化を意図したものと考えられます。

　第三者委員会の場合、調査の方針・手法等の決定は第三者委員会に委ねられ、企業側が主導的に有用性・客観性のある調査手法を採用するのは困難ですが、調査委員会の独立性・中立性・専門性については構成員を選任する際の基準として機能すると考えられます。

　ただし、**開示検査基本指針では、外部調査委員会の独立性・中立性・専門性の判断基準を何ら規定しておらず、証券監視委は、実務上、日本弁護士連合会の日弁連ガイドラインを一定の基準として参考としながら判断しているようです。**

2　日弁連ガイドラインと第三者委員会

　日弁連ガイドラインは平成22年7月に公表されたもので、同年12月に一度改訂されていますが、公表時のベストプラクティスを取りまとめた自主的なガイドラインです。そこでは、「第三者委員会は、依頼の形式にかかわらず、企業等から独立した立場で、企業等のステークホルダーのために、中立・公正で客観的な調査を行う」（同ガイドライン第1部、第2）と規定し、第三者委員会の中立性・客観性についての指針の一つとして、「企業等と利害関係を有する者は、委員に就任することができない」（同ガイドライン第2部、第2、5）と規定しています。その注記として、顧問弁護士は「利害関係を有する者」に該当し、企業等の業務を受任したことがある弁護士や社外役員については、直ちにこれに該当するものではなく、ケースバイケースで判断されると規定しています。

　実務的には顧問弁護士ではなくても過去に業務を受任したことがある弁護士は、利害関係があるとステークホルダーからみられる可能性があるとして

第三者委員会の委員としての選任を避けることが多いように思います。また、社外役員のうち独立社外役員については「利害関係を有する者」に該当しないとして扱われることが多いと思いますが、純粋に外部の専門家というわけでもないので、実質的に中立性・客観性が充たされる場合でも「第三者委員会」と名乗るケースは少なく、「特別調査委員会」といった名称の委員会として組成されることが多いように思われます。

なお、第三者委員会の委員となる弁護士の適格性について、日弁連ガイドラインは、「当該事案に関連する法令の素養があり、内部統制、コンプライアンス、ガバナンス等、企業組織論に精通した者でなければならない」と規定する一方、調査担当弁護士については、「法曹の基本的能力である事情聴取能力、証拠評価能力、事実認定能力等を十分に備えた者でなければならない」と規定しています。特に証券監視委や日本取引所自主規制法人が根本原因の究明を重視している東芝事件後の状況では、会計不祥事の表層的な原因分析にとどまらず、コーポレート・ガバナンスや企業風土などにまで踏み込んだ的確な根本原因の分析ができているかが厳しく問われる傾向にあります。これまでの第三者委員会の実務では、どちらかというと、むしろ調査担当弁護士に要求される事実認定能力等が重視された選任と見受けられるケースが多かったように思われますが、**日弁連ガイドラインのいう内部統制やコンプライアンス、ガバナンス等の企業組織論に精通した委員の選任というのは今後益々重要性が増してくる**といえそうです。

3 不祥事対応プリンシプルと第三者委員会

日本取引所自主規制法人の不祥事対応プリンシプルでは、一定の場合には調査の客観性・中立性・専門性を確保するために第三者委員会の設置が有力な選択肢となるとする一方、客観性・中立性・専門性の判断基準については特に示さず、委員の選定プロセスについては配慮する必要があるとしています。

この点、日本取引所自主規制法人としては、経営陣が自らにとって都合の良い委員を選定したとの疑念を抱かれないようにするため、具体的には、独立役員を主体とする合議体によって委員選定等を行うことなどを適正な選定プロセスとして想定しているようです（傍島康裕「『上場会社における不祥事対応のプリンシプル』の概要」NBL1070号78頁）。また、日本公認会計士協会の平成25年5月17日付会長声明「不適切な会計処理に係る第三者委員会への対応について」においても、第三者委員会の設置権者を検討する必要性を指摘し、企業等不祥事の発覚時における第三者委員会設置の判断、委員の人選等の権限を社外取締役及び監査役に付与する等、会社のルールとしての制度的な準備の検討の必要性を示唆しています。

　会計不祥事で第三者委員会を設置する場合、実務的には決算発表の延期の適時開示のための金融商品取引所対応や、継続開示書類の提出期限の延長の承認申請のための財務局対応などを同時進行で行いますが、それらの対応は第三者委員会の調査を織り込んだ実施工程やスケジュールなどをある程度プランニングした上で行う必要があるため、第三者委員会の組成のために利用できる期間は極めて短いのが実情です。しかし、委員の選定プロセスについてステークホルダーから疑念を抱かれた場合には第三者委員会を選択した意義が大きく減殺されてしまうため、調査対象として不正への関与が疑われている社長が古くから懇意にしている弁護士や公認会計士に依頼するといった選定プロセスは厳に慎み、**ステークホルダーの観点から中立性・客観性を疑われることのない選定プロセスを経る必要があります。**

4 監査法人と第三者委員会

　会計不祥事の対応で企業が第三者委員会を設置した場合、監査法人は単に第三者委員会の調査報告書を受領しただけでは、十分かつ適切な監査証拠を入手したと判断することはできず、調査結果が反映された財務諸表の監査において、第三者委員会の調査結果を監査証拠として利用できるか否かという

観点から第三者委員会の調査を評価します。

その際、経営者の利用する専門家の業務により監査証拠が作成された場合として、①経営者の利用する専門家の適性、能力及び客観性の評価、②経営者が利用する専門家の業務の理解、③監査証拠としての適切性を評価するといった監査手続を監査法人が実施しなければなりません（監基報500号7項）。また、これらの監査手続は通常の監査チームでは対応が難しいため、特に大手監査法人では、グループ内に置かれたフォレンジック部門に所属する不正調査の専門家を監査チームに加えて実施するのが一般的です(Question 034参照)。

こうした観点から、第三者委員会を構成する委員の経歴の確認が行われ、客観性を阻害するような利害関係、例えば、経済的利害関係、事業上及び個人的な関係、他のサービスの提供といったものの有無が確認されることがあります（監基報500号A43項）。

こうした監査基準に加え、大手監査法人の場合には、グローバルネットワークのグループ内で適用される一定のガイドラインを整備しており、そのようなガイドラインに則って調査委員会の中立性・客観性を評価しています。したがって、実務的には監査法人が第三者委員会の委員の利害関係をどの程度厳格に捉えているかが第三者委員会の組成時には重要なポイントとなります。筆者の実務経験では、例えば、顧問弁護士や企業から過去に業務を受任したことがある弁護士は中立性・客観性に疑念を持たれるとして難色を示される一方、その弁護士と同じ法律事務所に所属する不正調査を専門とする他の弁護士については基本的には問題ないとされることが多いように思います。

いずれにしろ、第三者委員会の中立性・客観性については監査法人にとっても大きな関心事であることから、**第三者委員会の委員の選任は監査法人の意見を踏まえて行うことが極めて重要**です。

Question 042

調査事項(調査スコープ)と調査対象期間

Q 会計不祥事の調査を実施する場合、調査事項(調査スコープ)や調査対象期間はどのように決めるべきですか

nswer

調査スコープの設定は特に経営者不正が疑われるケースでは特定の取引や取引先、事業部門といった限定が難しくなるので監査法人の意見を踏まえるなどして慎重に行う必要があります。調査対象期間の設定は事実関係の調査としてどこまで遡るかという問題とは区別し、想定される過年度訂正の期間を踏まえて開示書類の公衆縦覧期間と監査法人の意見を踏まえて判断する必要があります。

Commentary ▶▶▶

1 調査スコープの設定のポイント

　企業が調査委員会を設置して会計不祥事の調査を実施する場合、調査委員会が企業から委嘱される事項としては、①不正の疑義のある取引の事実関係の確認、②類似する取引の有無の検証、③原因分析と再発防止策の提言、といった内容となるのが一般的です。このなかで委嘱事項の設定が最も悩ましいのが①の調査スコープをどの範囲に設定するかという点です。

　証券監視委や監査法人から財務諸表の虚偽表示の疑義についての指摘を受

けた特定の取引や事象について調査スコープに含めるのは当然としても、不正が疑われる取引に関係する特定の取引先との一連の取引関係全般、さらには事業部門の取引全般を調査スコープに含めなければ十分な実態解明に至らないといったケースもあります。会計不祥事が発生した原因が特定の従業員や部署、事業部門等の問題に帰着できる見通しの場合であればそれほど難しくはありません。しかし、経営者不正が疑われる事案の場合、経営者の誠実性や企業風土の問題として企業活動全般に不正が発生している可能性から財務諸表全体の信頼性が疑われるため、直接的に不正の疑義が指摘された取引以外の事象であっても市場関係者の期待に応える観点から調査対象とすることも考えられ、調査スコープの設定は難易度を増します。

調査スコープの設定が十分かつ適切かどうかは監査法人にとって重要な関心事となりますが、既に開示検査に着手されている事案の場合は開示検査にとっても重要な問題となります。また、開示検査に着手されていない事案であっても、調査スコープをことさら狭く設定してしまうと、その後の開示書類の過年度訂正に重要な訂正漏れが疑われて訂正前の開示書類と訂正後の開示書類の双方に重要な虚偽記載が疑われるとして証券監視委の開示検査の着手を誘発してしまう危険性すらあります。

したがって、**調査スコープは監査法人や証券監視委その他のステークホルダーの意見を踏まえながら慎重に設定する必要があります**が、現実的には調査が進捗しなければ事案の広がりがみえず、確定的に設定することが難しい面があります。そこで、暫定的な調査スコープで調査を開始し、後の調査の進捗に応じて拡大する余地を残しながら柔軟性を維持しておくといった対応も検討に値します。

2 調査対象期間の設定のポイント

会計不祥事の調査では、まずは事実関係を解明し、その事実関係を前提とした本来あるべき会計処理を特定した上、開示済みの財務諸表に対する影響

の有無や、その影響額を調査結果として認定するのが一般的です。これは、あくまでも調査で判明した事実関係を財務諸表に反映させた影響額にとどまるため、例えば、架空売上の計上であれば、売上と売上原価を取り消した利益影響額までは調査結果として認定することができますが、固定資産の減損や繰延税金資産といった架空売上の取消しに伴って派生的に影響を受ける項目までを加味したボトムラインである当期純利益までを調査結果として認定することは通常困難です。

　しかし、会社は、少なくとも調査結果を反映させて、最悪の場合は公衆縦覧中のすべての開示書類の訂正を余儀なくされるため、会計不祥事の調査では、公衆縦覧期間の最大限度である5年間（金商法25条1項1号）の範囲内で一定の会計年度を調査対象期間として設定するのが一般的です。不正に至った経緯を調査するとはるか昔から不正が行われているケースも往々にしてあり、会計不祥事の調査としてはそのような事実関係も当然解明する必要がありますが、最終的に会計的な影響額を調査結果として示すのは調査対象期間として設定した期間に限定されるという意味です。したがって、架空売上の計上が過去から連綿と行われていたケースでも、調査対象期間より前に遡る不正の財務諸表への影響額としては、調査対象期間の最も古い会計年度の期首剰余金への影響額を確定すれば足りる一方、調査対象期間の架空売上については各期の期間帰属も調査結果として確定する必要があります。

　つまり、会計不祥事の調査では、**不正の事実関係の調査としてどこまで遡って事実関係を調査するべきかという問題と調査対象期間の設定の問題は明確に区別して検討すべき**であり、調査対象期間についてはあくまでも過年度訂正を想定した会計年度として設定されることになるので、開示書類の公衆縦覧期間と監査法人の意見が重要な判断要素となります。

Question 043
フォレンジック調査

Q 会計不祥事の調査では、デジタル・フォレンジックを活用したいわゆるフォレンジック調査は必要ですか

Answer

実態解明の必要性に加え、監査法人や証券監視委への対応を考慮すると、フォレンジック調査はほぼ必須といえます。技術的には様々な調査が実現可能となっていますが、会計不祥事の調査では電子メールや電子ファイル、SNS等のメッセージなどのコミュニケーションを把握する目的でフォレンジック調査を実施するのが一般的です。

Commentary ▶▶▶

1 フォレンジック調査の必要性

インシデントレスポンスや法的紛争・訴訟に際し、電磁的記録の証拠保全及び調査・分析を行うとともに、電磁的記録の改竄・毀損等についての分析・情報収集等を行う一連の科学的調査手法・技術は一般的にデジタル・フォレンジックと呼ばれています。デジタル・フォレンジックを駆使した調査手法はフォレンジック調査と呼ばれることがありますが、ITが普及した現代社会では官民を問わず、調査手法として重要視されており、警察、検察、証券監視委や公正取引委員会といった当局も組織内に専門チームを設けるな

どして積極的に導入し、実際の調査実務でも活用しています。

　また、企業が実施する不祥事対応の調査でもフォレンジック調査はほぼ標準的な調査手法として定着しています。例えば、日弁連ガイドラインでも「第三者委員会は、デジタル調査の必要性を認識し、必要に応じてデジタル調査の専門家に調査への参加を求めるべきである」と規定されており、会計不祥事の事案に限らず、近時の第三者委員会その他の調査ではフォレンジック調査が実施されない事例を探すほうが困難な状況です。

　特に会計不祥事の調査では、Question001で解説したように、調査の結果、財務諸表の虚偽表示の原因となる行為が認められるとしてもそれが意図性のある不正なのか、あるいは意図性のない誤謬なのか、そして不正が認められるとしても従業員不正なのか経営者不正なのかによって、監査法人が慎重な対応を要する度合いが異なり、虚偽表示を修正後の財務諸表に対する監査手続が大きく左右されます。こうした不正の意図性や経営者の関与といった事実関係の認定にあたっては、証憑類の確認やインタビューといった伝統的な調査手続で実態解明に至ることは難しく、外部の協力者との連絡、社内の幹部への報告、監査法人対策としての社内での隠蔽工作の相談を内容とする電子メール、さらには社内での報告・情報共有目的で作成されたワードやパワーポイント資料などの電子データが極めて重要な証拠となります。したがって、近時の会計不祥事の調査では、これらの電子データを対象としたフォレンジック調査を実施しなければ実態解明のために十分に深度のある調査を行ったとは言い難いといわざるを得ません。

　また、監査法人が企業側に調査の実施を求める場合には、通常の監査手続では入手困難な証拠を発見する調査手続の実施を期待している側面があり、フォレンジック調査はまさにそのような期待に合致することから監査法人からもその実施を強く要請されることが多くなっています。

　加えて、フォレンジック調査を実施しない調査の結果、企業が開示書類の過年度訂正を不要と判断したような場合には、事後的に証券監視委が開示検査に着手して証券監視委のフォレンジック調査によって新たな証拠が発見され、過年度訂正が不要と企業が判断した前提となる事実認定が覆る可能性も

あります。

　以上のような状況を踏まえると、**電子データが入手できないといった調査が制限される事情がない限り、会計不祥事の調査でフォレンジック調査はほぼ必須の調査手続**と考えられます。

2 フォレンジック調査の実施範囲

　デジタル・フォレンジックは急速な進歩を遂げており、単に電子メールや電子ファイルを閲覧してコミュニケーションの内容を把握することにとどまらず、次の【表】に記載のとおり、電子ファイルの修正履歴の確認など様々なことが技術的に実現可能となっています。

　会計不祥事の調査でどこまで深度のあるフォレンジック調査を実施するか

フォレンジック調査のソリューション例

ソリューション	概要
削除メール／ファイルの調査	メールソフト内で消去されたメールやPC上で消去されたファイルを可能な範囲で復元
ファイルのバージョン調査	ファイルの過去のバージョンを復元
インターネット閲覧履歴等の調査	ウェブサイトの閲覧履歴やウェブブラウザ上でのウェブメール使用履歴、SNSのダイレクトメッセージ履歴等を調査
ファイル／フォルダのアクセス履歴やプログラム実行履歴の調査	ファイル／フォルダのアクセス履歴や各種ツールの実行履歴等を調査
外部記憶媒体の接続履歴調査	USBメモリやモバイルデバイス等の接続履歴やモデル、シリアルナンバー、接続日時等を調査
モバイルデバイスの調査	通話履歴、SNS等で送付されたメッセージの復元、各種アプリにより記録された位置情報等の解析
データアナリティックス	メールデータと会計データなど複数のデータを多角的に分析して可視化

はケースバイケースで判断されます。基本的には、削除された電子メールや電子ファイルを復元することは最低限実施するのが一般的と思われますが、最近では、モバイルデバイスの調査まで実施するか否かが検討されることが多くなってきています。会社から貸与されたモバイルデバイスで会社の判断によりモニタリング等が可能なセキュリティ体制が確立されていれば格別、役職員個人の私物のモバイルデバイスの場合はデータ保全や解析等について当該個人の同意がなければフォレンジック調査は実施できません。調査の必要性が認められて同意の取得を試みたにもかかわらず、調査対象者から同意が得られないことが往々にしてありますが、そのようなケースでは、調査報告書の制限事項としてその旨を記載しておくことが重要です。モバイルデバイスの調査が実現したとしても、会計不祥事の事案で通話履歴や位置情報等の解析まで必要となるケースはほとんどなく、SNS等のメッセージの内容の確認ができれば十分なケースが多いといえます。

　また、筆者のこれまでの実務経験では、会計不祥事を調査する事案でファイルの過去のバージョンの復元やファイル／フォルダのアクセス履歴等の解析まで必要となったケースもほとんどありません。

　したがって、**会計不祥事の調査では、電子メールや電子ファイル、SNS等のメッセージなどのコミュニケーションの把握がフォレンジック調査の中心になる**と考えておけばよさそうです。

Question 044

フォレンジック調査の実施者・実施工程・留意点など

Q フォレンジック調査の実施者と実施工程、留意点などを教えてください

Answer

会計不祥事でフォレンジック調査を行う場合、監査法人系のファームを外部の専門家として起用し、①データ保全、②処理・加工、③絞り込み、④レビューという各工程で実施されるのが一般的です。各工程に特有の留意点があり、効率的かつ効果的に実施するためには専門家の経験値等が重要となります。

Commentary ▶▶▶

1 フォレンジック調査の実施者

　会計不祥事にとどまらず、企業の不祥事対応でフォレンジック調査を実施する場合には外部の専門家を活用するのが一般的です。電子データは消去や改竄が容易であることに加え、近時はデータの保存先もPCやタブレット、さらにはクラウドなど多様化しており、そうした状況で電子データを的確に証拠保全することは外部の専門家の技術的支援がなければ困難です。また、自社のリソースで対応した場合の証拠隠滅の疑いを回避し、調査の客観性を担保できることに加え、消去された電子データの復元も可能となり得るとい

うメリットからも外部の専門家を活用する実務が定着しています。

　フォレンジック調査を技術的に支援する外部の専門家には監査法人系のファームとそれ以外のファームがありますが、会計不祥事の調査では監査法人系のファームが起用されるケースが多いのが実情です。Question034で解説したとおり、監査法人の不正リスク対応として企業が実施する調査を監査証拠として利用できるかを評価する実務が定着していますが、特に大手監査法人の場合にはグループ内の不正調査の専門家であるフォレンジック部門の支援を受けてそのような評価を行っています。そのような監査法人の評価はフォレンジック調査の技術面だけではなく、調査体制や調査手続全般に及ぶため、監査法人の評価に耐え得る調査を実施する観点から、**企業側の調査を支援する外部の専門家としても、フォレンジック調査と同時に監査法人の目線を熟知した公認会計士による支援も提供することができる監査法人系のファームが起用される傾向があります。**

2 フォレンジック調査の実施工程と留意点

　電子データや電子ファイルの内容をレビューするなど、コミュニケーションを把握することに主眼を置いたフォレンジック調査の一般的な工程は、次の【表】のとおりです。

フォレンジック調査の一般的な工程

工程	作業内容の概要
データ保全	PC、外部記憶媒体、サーバ、モバイルデバイス、クラウド等の電子データを完全に複製するなどして証拠保全
処理・加工	保全データの復元・展開の処理、メタデータの抽出、重複削除、ファイルタイプや期間による絞り込みなど
絞り込み	レビュープラットフォームにアップロードした上、キーワード検索やメールアドレス等によりレビュー対象のメールやファイルの絞り込み
レビュー	絞り込んだメールやファイルをレビューして関連するデータを抽出

●●● (1) データ保全の留意点 ●●●

　フォレンジック調査の各工程にはそれぞれ特有の留意点がありますが、まず、データ保全は最も重要な工程であり、調査の初動で的確な対象者のデータを証拠保全できなければその後の調査の実効性が大きく減殺されることになります。

　電子データは改竄が容易でデータ保全は一発勝負となることが多いため、実際に電子データの内容をレビューするか否かは後で判断する前提で、データ保全の対象者を直接的な不正の実行者と疑われる者に限定せず、その周辺者も含めて広めに設定しておくといった判断も必要になります。

●●● (2) 処理・加工の留意点 ●●●

　処理・加工の工程ではギガバイト辺りの単価設定となっていることが一般的ですが、近時は大容量のPCやデバイスが多く、調査費用が膨らむ大きな要因となることが頻繁にあります。保全したすべてのデータの処理・加工を行う場合にはコストが膨らむ可能性があるため、データに優先順位をつけて実施するなどの判断が必要となります。また、最近では安価で第1次的にデータの絞り込みを行った上で、そのデータを対象にして本格的な処理・加工を行うといった2段階の価格設定をしているデジタル・フォレンジックの専門業者もあるため、専門家の選定の際には費用の見積りに留意する必要があります。

●●● (3) 絞り込みの留意点 ●●●

　絞り込みの工程ではどのような方法でレビュー対象となる電子データを絞り込むかが問題となります。米国の訴訟や当局対応における証拠開示手続（Discovery）では、フォレンジック調査とほぼ同様の工程で電子データを抽出して証拠提出する作業が必要となり、そこでは、一部のデータについて人

間がレビューした結果を教師データとして機械学習させて構築したアルゴリズムを残りの母集団全体に適用して事案に関連する電子データを抽出する一種のAIによる予測タグ付け機能によってレビュー対象を絞り込んで効率化する場合があります。しかし、会計不祥事の調査の場合には、監査法人側のフォレンジック調査の専門家によって絞り込みの合理性などが検証・評価されるため、絞り込みの手法としては説明が容易でキーワードの追加等による調整が可能なキーワード検索によって行われるのが一般的です。また、普段から財務諸表監査で会社と接点がある監査法人から業界特有の用語や社内でのみ通用する隠語について示唆を受けてキーワードを追加する場合もあり、こうした点からも**会計不祥事の調査ではキーワード検索のほうが利用しやすい**といえそうです。

　絞り込みの手法に加え、実際にどこまで絞り込むかも重要な問題となります。調査の効率性の観点からレビュー対象の電子データを絞り込み過ぎると重要な証拠を見逃してしまうリスクが増大します。この点、筆者の経験では、**メールの文面などから不正の意図や隠蔽工作の存在を直接的に証明するいわゆるホットメールを発見することにフォーカスし過ぎて重要なメールを見逃すケースが実務で散見される**ように思います。そうしたホットメールが発見されることはそれほど多くはないことから、ホットメールの発見にフォーカスしたキーワード検索を行えば自然とレビュー対象が絞り込まれることになります。

　しかし、実際の調査の実務ではメールの文面から直接的に不正の意図や隠蔽工作を認定するよりは、他の証拠との矛盾を発見して究明するアプローチのほうが効果を発揮するケースが多いように思われます。会計不祥事の調査の場合、典型的には、監査法人に対して取引の内容を説明したメールと社内でのコミュニケーションのメールの内容が食い違う場合には隠蔽工作の可能性を疑う必要がありますが、こうした矛盾する複数のメールの存在はホットメールの発見にフォーカスするキーワード検索のアプローチでは拾いきれないケースが往々にしてあります。したがって、より周辺的なコミュニケーションも把握するつもりで絞り込みを行う必要がありますが、どこまで広げ

るかは時間的制約やリソースの制約のもと、ケースバイケースで判断すべきといえます。

●●● (4) メールやファイルのレビュー ●●●

レビュー対象の絞り込みを行ったとしても、会計不祥事の調査では相当程度の分量の電子メールやファイルのレビューが必要となることが多く、社内調査の場合であっても少なくともレビュー作業の一部を法律事務所やフォレンジック調査の専門業者のリソースに依存するのが一般的です。特に監査法人系の不正調査チームが調査体制に加わっている場合には、デジタル・フォレンジックの技術的な支援に加え、企業会計や監査実務に精通した公認会計士その他の専門家によるレビュー対応も支援体制を備えており、会計不祥事の調査では電子メールやファイルのレビューで活躍する場面がみられます。

しかし、大型の事件になればなるほど、事案の詳細を把握せずにレビュー業務だけに関与する人員も多くなるため、重要なメールやファイルの見逃しをいかにして防ぐかが重要な問題となってきます。実務的にはレビュープロトコルと呼ばれるレビューアー向けの指示書が作成されるのが通常ですが、このレビュープロトコルで的確に事案の概要とレビューの目的、そして各メールを「Highly relevant（関連性あり）」「Relevant（関連性あり）」「Not relevant（関連性なし）」と分類してタグ付けする際の判定基準を客観的にわかりやすく記載し、**レビューアーの判定結果にばらつきが生じないようすることが重要**です。

上記(3)で解説したように一読して不正や隠蔽工作の直接的な証拠であることが明らかなホットメールを探索するアプローチであれば、こうしたレビュー業務のみに従事するリソースを一時的に大量投入することで対応することが可能となる一方、他のメールやその他の証拠と内容が矛盾するメールを発見することを重視する場合には、事案の詳細や証拠関係を熟知したレビューアーでなければ対応が困難な場合があります。したがって、事案によってはキーワード検索を活用した人海戦術に加え、事案の詳細を熟知した

レビューアーが既定のキーワードに縛られずに様々な観点から行うレビューを併用するケースもあります。

　この辺りは、事案の内容や証拠関係を熟知した弁護士などの調査担当者とフォレンジック調査の専門家の共働作業が効果を発揮する領域であり、実効性と効率性をうまくバランスさせることができるか否かは、専門家の経験値等によってかなり差が出ると考えられます。

Question 045
類似不正の網羅的検証

Q 疑義の対象となった不正に加え、他の拠点や事業部等でも類似の不正が発生していないかどうかを網羅的に検証するためにはどのように調査すればよいですか

Answer

調査委員会を設置する場合には的確な原因分析と再発防止策の提言のために調査事項に含めて実施することが多く、リスク・アプローチによって絞り込んだ取引等に対し、リスクの度合いに応じて深度のある調査を実施します。

Commentary ▶▶▶

1 類似取引の検証の必要性

　Question042で解説したとおり、企業が調査委員会等を設置して会計不祥事の調査を行う場合、不正が行われた取引と類似の取引の有無も委嘱事項とされるのが一般的です。不正な財務報告に限らず、資産横領なども含めて財務諸表に影響する不正の場合には、同種の不正の有無も含めて網羅的に実態を把握しなければ財務諸表を過年度訂正する必要性の見極めや、訂正後の財務諸表が全体として適正に表示されているか否かの意見形成が困難となることから、監査法人から必ずといってよいほど説明を求められる重要なポイントです。

従来、こうした類似取引の調査は調査委員会の委嘱事項からは切り離し、調査結果を踏まえて、会社が監査法人と相談しながら追加で調査して網羅性を検証するといった建付けの対応も少なからずみられたように思います。しかし、日本取引所自主規制法人の不祥事対応プリンシプルなどの影響もあって、近時の企業不祥事の調査対応では根本原因の究明が重視されているところ、**類似取引の有無や類似取引が認められる場合にはその広がりや影響まで調査しなければ、内部統制上の業務プロセスの一部の問題なのか組織風土など全社的統制の問題なのかといった根本原因の見極めが困難**です。当然ながら的確な原因分析とはなり難く、提言される再発防止策も不十分になってしまいます。したがって、近時の会計不祥事の調査では類似取引の有無も委嘱事項に含むのが一般的な実務となっています。

2　類似取引の調査のアプローチ

　会計不祥事の調査では、調査の端緒となった不正の疑義については取引証憑の精査やインタビュー、さらにはフォレンジック調査等により会計処理の前提となる事実関係の詳細を認定して本来あるべき会計処理を追及する、いわゆる精密司法的なアプローチで実態解明に至るのが通常です。

　本来、適正な財務諸表を完全に復元しようとすれば、財務諸表のベースとなる全取引について同様の精密司法的なアプローチで事実関係を解明し、あるべき会計処理をそれぞれ認定していくことになりますが、上場会社の財務諸表の全体をそのような精密司法的なアプローチで作成し直すことは無限のコストやリソース投入を覚悟しなければ実務的には不可能です。

　したがって、**類似取引の調査は、既に検出された不正との類似性といったフィルターによってリスクの高い取引や事業部、役職員の階層等を絞り込み、リスクの度合いに応じて深度のある調査で深掘りするリスク・アプローチ型の調査が基本**となります。リスク・アプローチを採用するということは、全取引を精査するわけではないので隠れた不正を見逃すリスクは完全に

は排除しきれませんが、監査法人と意見交換をしながら合理的な絞り込みを行って調査としては最善を尽くす必要があります。

3 類似取引の絞り込み

　類似取引の検証は監査法人の財務諸表監査でも大きな問題となるため、企業が実施する調査対応でも監査法人がどのような切り口で類似取引を検討するのか理解しておくことが重要です。

　この点、日本公認会計士協会の監査・保証実務委員会研究報告第28号「訂正報告書に含まれる財務諸表等に対する監査上の留意事項について」では、売上の不適切な処理、棚卸資産の不適切な評価、リベートの不適切な調整等が原因で訂正された財務諸表を監査する場合、訂正事項に類似する取引の有無の確認を行い、類似する項目がある場合には、重要な虚偽表示リスクに該当するかどうかの検討を行うとされています。そして、次の【表】のとおり、訂正事項が発生した地域（構成単位など）、訂正事項の特徴及び訂正事項に関与した者という観点での類似取引の検討を例示しています。

　したがって、企業が会計不祥事の調査対応を行うにあたってもこうした検討の観点を意識して類似取引の絞り込みを行うことが重要です。

　そして、こうして絞り込んだ取引等に対してどこまで深度のある調査を実施するかはケースバイケースで判断され、**アンケート調査で端的に不正の有無を確認する場合、インタビューにより詳細に事実関係を聴取する場合、取引証憑の精査やフォレンジック調査など不正の疑義のある取引と同レベルの精密司法的な調査を実施する場合**などがリスクの度合いに応じて選択されることが多いといえます。

　証券監視委が開示検査に着手している事案では、こうした類似取引の調査による網羅性は開示検査でも注目されることが多く、特に網羅性が不十分な調査を実施して一度過年度訂正を行った後に開示検査の指摘によって訂正漏れの不正が発覚し、過年度決算の再訂正が必要となった場合には、最初に提

類似取引の検討

検討の観点	検討例
訂正事項が発生した地域（構成単位など）	訂正事項が海外子会社で発生した場合には、当該子会社において他の勘定科目についても訂正事項が発生しているリスクについて検討を行う
訂正事項の特徴	売上高の不適切な処理が訂正事項の原因となっている場合に、同じ手口で売上の不適切な処理が、他のセグメントや他の構成単位などで行われていないかどうか、すなわち業務の類似性に着目して検討を行う
訂正事項に関与した者	リベートの不適切な調整を担当部長が行っていた場合、担当部長が管轄する領域、例えば、買掛金や棚卸資産についても追加的に虚偽表示リスクの有無について検討を行う

出した開示書類に加え、第1次訂正の訂正報告書も重要な虚偽記載が認定され、同一事業年度の継続開示書類であるにもかかわらず新たな虚偽記載と認定されて課徴金が按分調整されないリスクもあるので注意が必要です（Question005参照）。また、こうした課徴金の問題がなくても、過年度訂正後に訂正漏れが発覚して再訂正に至る事態が発生するということは市場に混乱を引き起こし、企業の内部管理体制についても大きな問題があるとみられることから、類似取引の調査は最善を尽くして慎重に行う必要があります。

Question 046
課徴金減算制度の利用の要否

Q 監査法人からの指摘によって会計不祥事の調査を実施する場合、課徴金減算制度を利用すべきか否かはどのように判断すればよいですか

Answer

現在の開示検査の運用実務では課徴金減算制度の利用によるデメリットはほぼ想定されないため、過年度決算の訂正数値等が固まった段階で可及的速やかに課徴金減額報告書の提出を検討すべきです。証券監視委の接触後でも課徴金減額報告書が提出できる場合があります。

Commentary▶▶▶

1 課徴金減算制度

Question005で解説したとおり、平成20年金商法改正により、同法26条の規定による検査の前に開示書類の提出者が重要な事項につき虚偽記載等がある発行開示書類や継続開示書類を提出した事実を報告することで課徴金の金額が半額に減額される課徴金減算制度（同法185条の7第14項）が導入されました。

早期発見のインセンティブを付与することがそもそもの制度趣旨ですが、複数の開示書類について報告した場合でも減算の対象となるのは直近の違反

行為に限られ、しかも課徴金の免除ではなく50％の減額にとどまる点でインセンティブの効果は大きくありません。しかし、少額ながらも課徴金の減額により企業の金銭的負担が軽減されるメリットがあるため、企業としては課徴金減額報告書を提出して課徴金減算制度を利用するか否かの検討をしておく必要があります。

2 課徴金減算制度の利用の判断

　課徴金減算制度を利用するか否かの判断は利用した場合のメリットとデメリットを勘案してなされることが多く、上記1記載のとおり、利用した場合の課徴金の減額の効果が限定的であることからすると、企業としては、証券監視委が察知していない虚偽記載をわざわざ自分から事前に報告することで絶好の端緒を与えてしまい、証券監視委による開示検査の着手と課徴金勧告を招く結果となるデメリットを懸念する声もあるようです。

　しかし、上場会社が監査法人の指摘によって会計不祥事の調査を行う場合、業績等への影響がない例外的な場合を除き、金融商品取引所の適時開示制度により決算発表の延期や調査委員会の設置、継続開示書類の提出期限の延長、過年度の開示書類や決算短信の訂正などを適時開示する必要があり、企業が課徴金減額報告を行わなくても証券監視委に必ず察知されます。その意味では、金商法の課徴金減算制度には独占禁止法の課徴金減免制度のような当局にとっての事件の端緒を得るためのツールとしての機能は期待されていないといえます。加えて、**Question010**で解説したとおり、近時の開示検査の運用では企業が自浄作用を発揮して自発的に訂正した事案に対し後追い的に開示検査に着手することは少なくなってきています。もちろん、自主訂正事案であっても訂正内容の妥当性に疑義があるなどの理由により開示検査に着手するケースはあり得ますが、それは投資者保護を目的とした行政判断として行われるものであり、企業側が課徴金減額報告をしていることから摘発が容易といった理由で開示検査に着手するものではありません。した

がって、現在の開示検査の運用実務を前提とすると、課徴金減算制度を利用することに伴うデメリットはほぼ想定されないと考えられます。

課徴金減額報告書は訂正報告書の提出前であっても訂正の見込み額等を記載して提出することができることを踏まえると、企業としては、**過年度決算の訂正の適時開示や訂正報告書の提出前であっても過年度決算の訂正数値等が固まった段階で、可及的速やかに課徴金減額報告書の提出を検討すべきです。**

3 過年度訂正の適時開示等の証券監視委によるヒアリング

開示検査基本指針は、「有価証券の発行者より過年度決算の訂正に係る適時開示が行われた場合や開示書類の訂正報告書が提出された場合等には、必要に応じて、当該発行者に対してヒアリング等を実施する」(同指針Ⅱ、1、1－1(注))と規定しており、少なくとも上場会社がこうした適時開示や訂正報告書の提出を行った場合には、証券監視委の調査官から接触を受け、ヒアリング等が実施されることが想定されます。

ここでいう「ヒアリング等」が金商法26条の権限行使に該当するとその時点で課徴金減算制度を利用できないことになりますが、開示検査基本指針上、検査実施の必要性を検討する上での情報収集の一環と位置付けられていることからすると、同条に基づく権限行使には該当しないと整理されていると考えられます。

したがって、**証券監視委の接触があった場合には金商法26条に基づく権限行使であるか否かを確認し、情報収集目的のヒアリング等である場合には依然として課徴金減額報告書の提出を検討すべきです。**

Question 047
外部の専門家への相談

Q 開示検査の指摘を受けて調査や過年度決算の訂正に向けた対応を行う場合、検査での指摘事項等を外部の弁護士や公認会計士といった専門家に相談することはできますか

Answer

外部の弁護士や公認会計士といった専門家に相談するにあたって、証券監視委との関係で許可や報告といった手続は不要です。ただし、開示検査の検査関係情報はインサイダー取引規制のいわゆるバスケット条項に該当する可能性があり、適切に情報管理を行う必要があります。

Commentary ▶▶▶

1 開示検査における検査関係情報の取扱い

　開示検査基本指針は、検査関係情報（開示検査中の調査官からの質問、指摘、要請その他調査官と検査対象先の役職員とのやりとりの内容及び検査終了通知書をいう）につき、適切な情報管理を行わなければならない旨を主任証券調査官が検査対象先の責任者に説明して、その旨承諾を得るものと規定しています（同指針Ⅱ、2(3)）。

　他方、証券監視委の証券モニタリングに関する基本指針では、検査関係情報についてほぼ同様に定義した上、証券監視委事務局証券検査課長等の事前

の承諾なく第三者に検査関係情報を開示しないという開示制限があり、検査対象先の責任者がその旨の承諾書に記名押印することが求められます。また、検査期間中に今回の検査に係る検査関係情報を外部の弁護士、公認会計士等の専門家に開示の上相談する場合にも、主任検査官が検査の実効性の確保に支障がないと判断して事前報告で済む場合を除き、開示制限の対象として承諾を得る必要があります。

　開示検査では証券モニタリングのような検査関係情報の開示制限が設けられていませんが、開示検査基本指針で、検査関係情報につき証券モニタリングと異なる取扱いを規定した理由は必ずしも明らかではありません。しかし、上場会社をはじめとする開示検査の検査対象先は会計不祥事の疑義が生じた際の有事対応として検査対応を行うのが一般的です。そして、過年度訂正を伴う有事対応は、投資者、金融商品取引所、財務局、第三者委員会及び証券監視委といった多岐にわたるステークホルダー対応を同時進行的に行いながら、金商法、会社法や金融商品取引所の規則等の複雑なルールに従った処理を、上場廃止を回避するために設定されたタイトなスケジュールに沿って短期間に実行する必要があります。こうした対応は、企業の経理担当者にとってはまさに一生に一度あるかないかの経験で過去のノウハウも企業内部に蓄積されていないことが通常であることから、必然的に外部の専門家を活用せずに対応することは困難といえます。また、開示検査の検査関係情報に開示制限を課した場合、上場会社の適時開示義務や臨時報告書の提出義務と衝突する可能性も想定されます。

　証券モニタリングの対象となる金融機関がコンプライアンス部門を設置し、検査対応を通常業務として行って検査対応の知見やノウハウを自前で蓄積していることとの相違を踏まえると、**開示検査と証券モニタリングとの間で検査関係情報の取扱いに差異を設けたことにより、開示検査の対象となった企業に予想される実務上の混乱は回避できた**と考えられます。

2 適切な情報管理の必要性

　上記1のとおり、開示検査の検査関係情報には開示制限が設けられていないことから、企業は、証券監視委との関係で許可や報告がなくても外部の弁護士や公認会計士等の専門家に検査関係情報を開示して対応を相談することができます。

　しかし、検査関係情報については適切な情報管理が必要です。例えば、開示検査の調査官から指摘を受けた内容は、会計不祥事による過年度の財務情報の誤った開示など投資者の投資判断に著しい影響を及ぼす事実として、インサイダー取引規制のいわゆるバスケット条項（金商法166条2項4号）に該当する可能性があります。実際、有価証券報告書の虚偽記載の嫌疑により証券監視委の強制調査を受けた事実がバスケット条項に該当すると認定されてインサイダー取引規制違反の課徴金勧告に至った事例（石山ゲートウェイホールディングス事件）があり、当該事例は犯則調査で強制調査に至った事案ですが、開示検査の着手についても指摘の内容如何によってはインサイダー取引規制違反を構成すると認定される余地があります。

　自社の役職員が開示検査の検査関係情報を利用したインサイダー取引で摘発されるといった2次的な不祥事の発生を防止するため、**検査関係情報については、これを知り得る役職員を制限し、ファイルのパスワードやフォルダのアクセス制限など設けるなどして適切に管理する必要があります。**

Question 048

継続開示書類の訂正報告書提出の要否

Q 開示検査の過程で過去に提出した継続開示書類の訂正報告書の提出を証券監視委から強く促されましたが、応じなければならないですか

Answer

証券監視委から訂正報告書の提出を促されたからといって、必ずしもこれに応じる必要はありませんが、訂正報告書の提出命令の勧告を受ける可能性があることを踏まえると、慎重に対応を検討する必要があります。訂正報告書の提出命令を受けた場合、現状の制度では、これを争いながら継続開示を行って上場を維持することは極めて困難です。

Commentary ▶▶▶

1 訂正報告書等の自発的提出に関する意見等の聴取

開示検査基本指針は、法令違反が疑われる事項がある開示書類について訂正報告書等が提出されていない場合は、訂正報告書等の自発的提出の必要性に関する検査対象先の意見又は主張を十分聴取し、訂正報告書等が提出された場合には、提出に至った経緯や訂正内容の妥当性等を検証する旨規定しています(同指針Ⅱ、1－2(3)③)。

証券監視委は、検査対象先の企業が過年度の開示書類を訂正しなくても重要な虚偽記載を認定して訂正命令を勧告するとともに課徴金納付命令を勧告することで検査を終了させることができます。しかし、金商法上の開示制度は、有価証券の発行者が自ら正確な企業情報を迅速かつ公平に市場に開示することを前提としており、誤った企業情報の是正も本来は発行者自身が自発的に行うべきものです。また、継続開示義務を負う上場会社の開示規制違反を将来的に抑止する観点からも、上場会社自身が内部管理体制の問題点を的確に認識して改善するプロセスの一環として開示書類を自発的に訂正するほうが望ましいといえます。

　こうした事情を踏まえ、開示検査基本指針では、開示書類の提出者の自発的訂正を促すプロセスとして、訂正報告書等が提出されていない場合の自発的訂正の必要性に関する意見等の聴取手続が規定されたものと考えられます。

　開示検査の過程で証券監視委から過去に提出した継続開示書類の自発的訂正を促されたということは、企業としての自発的訂正の必要性に関する意見や主張を聴取されている状況と理解するべきです。

　したがって、それ自体は行政処分ではなく、直ちに応じる必要はありませんが、自発的訂正の必要性について検討し、企業としての対応を判断する必要があります。

2 自発的訂正が不要と判断する場合

　企業として自発的訂正が不要と判断する場合、証券監視委が訂正命令勧告まで行うことが予想される事案であるかを慎重に見極める必要があります。すなわち、開示検査では会社側が自発的訂正を行って監査法人の監査証明を受けた財務諸表の数値をベースに本来計上されるべき金額を認定して課徴金勧告だけを行う処理が基本であり、会社側が自発的訂正を行わない場合には開示検査で自ら正しい財務諸表を認定する必要があります。それだけでも難

易度が高いことに加え、近時の財務諸表は固定資産の減損や繰延税金資産など経営者の主観的な見積りが必要となる項目が多く、経営者ではない当局が客観的にあるべき見積りを一義的に確定することは容易ではありません。

　こうしたことから、**企業としては、証券監視委が訂正命令までは勧告しないとみて自発的訂正を不要と判断することはあり得ますが**、開示検査としても簡単に検査を終了させるわけにもいかないことから自発的訂正の要否を巡って相当程度検査が長期化することを覚悟する必要はあります。また、財務局も証券監視委と緊密に連携していることから、進行期の開示書類の提出にあたって、財務局からも過年度の開示書類の自発的訂正を促される可能性もあります。

　他方、証券監視委が訂正命令と課徴金納付命令を勧告することを視野に入れつつ、これらを全面的に争うことを前提に自発的訂正を不要と判断することもあり得ます。この場合、同一事件であるにもかかわらず、訂正命令は聴聞手続、課徴金納付命令は課徴金審判で争わざるを得ず、係争の長期化や相応の対応コストも予想されます。特に係争が長期化する間、訂正命令に沿った訂正報告書の提出を行わなければ進行期の継続開示書類の提出は事実上困難で上場廃止に追い込まれる展開も想定されます。

　このように、現状では企業側が証券監視委や財務局との間で適正な開示について争うことは非常に難しい制度となっており、自発的訂正を不要と判断する場合には相応の根拠に加え、コスト負担や上場廃止リスク等を考慮する必要があります。

3　自発的訂正が必要と判断する場合

　自発的訂正が必要と判断する場合であっても、企業としてそのような判断に至るプロセスを経る必要があります。開示検査から法令違反の疑義の指摘があったとしてもそれ自体は不適正な会計処理のあくまで疑義についての指摘であり、その疑義については企業側で調査委員会を設置するなどして実態

を解明し、監査法人との調整も経て自発的訂正に至るのが通常です。

そして、その場合、開示検査が法令違反の疑義を指摘した前提として一定程度の証拠を収集済みで事実認定の感触を持っていることから、**企業が自発的訂正に至るプロセスとして調査対応を行う場合には、開示検査と情報交換を行って実務的に可能な範囲で開示検査が把握している証拠に関する情報を入手することが重要**です。開示検査では銀行調査で資金の流れを把握しているなど、企業の調査対応では入手できない証拠も含めて事実認定を行っていることから、企業側が事実認定を誤らないためには、そのような方向性についての示唆を得るなどの対応が必要となります。

一方、上記2のとおり、本来は自発的訂正が不要と判断するものの、現状の開示制度では、当局との間で適正な開示についての見解が相違したまま継続開示や上場を維持することは実務上困難であることを踏まえ、**戦略的に自発的訂正を行って訂正命令を回避し、課徴金納付命令を審判手続や行政訴訟で争う**といった対応も考えられます。しかし、こうした対応も経営者の真意とは異なる財務諸表が作成されることによる監査法人や金融商品取引所への説明や監査法人との信頼関係の維持といった点で難易度が高いといえそうです。

Question 049
過年度の開示書類の訂正

Q 会計不祥事対応として過年度の開示書類を訂正する場合、どこまで遡って訂正する必要がありますか

Answer

訂正開示の時点で公衆縦覧に供されていて重要な虚偽記載のある開示書類を訂正の対象とするのが基本ですが、開示検査に着手している事案では公衆縦覧期間が経過した四半期報告書についても訂正報告書を提出することを証券監視委から求められることがあります。

Commentary ▶▶▶

1 公衆縦覧期間と訂正開示の範囲

　会計不祥事対応として過年度訂正を行う場合、訂正開示の範囲を検討する上でまず基本となるのは、訂正報告書を提出する時点で公衆縦覧に供されている開示書類を訂正するという考え方です。すなわち、金商法の規定により、開示書類はその種類によって受理日からの公衆縦覧期間が定められており、例えば、有価証券報告書であれば5年間、四半期報告書であれば3年間公衆縦覧されて投資者の投資判断に供されています（金商法25条1項）。

　過年度訂正を行う場合、通常は、会計不祥事の疑義の発覚後に最初に提出期限が到来する進行期の継続開示書類の提出に際し、過年度の訂正報告書をすべて提出しておくことになります。したがって、**訂正報告書の提出の時点**

で公衆縦覧に供されている開示書類のうち会計不祥事の影響で重要な虚偽記載があるものはすべて訂正の対象となります。

2 課徴金の除斥期間と訂正開示の範囲

　開示書類の受理・審査を行う財務局の立場では上記1で説明した考え方による訂正開示で問題ありませんが、証券監視委が開示検査に着手している事案では公衆縦覧期間が経過した四半期報告書についても訂正が必要な場合があります。すなわち、四半期報告書の公衆縦覧期間は3年間（金商法25条1項7号）と規定されている一方、重要な虚偽記載のある四半期報告書に対する課徴金納付命令の除斥期間は5年間（同法178条11項）と規定されており、公衆縦覧期間が経過した四半期報告書についても課徴金納付命令の対象となります。そして、Question048で解説したとおり、証券監視委の開示検査では、企業が自発的に訂正して監査法人の訂正監査を経て開示した数値をベースに、本来計上されるべき金額を認定して課徴金勧告を行っているため、**公衆縦覧期間が経過した四半期報告書についても、監査法人の訂正監査を受けた監査報告書を添付した訂正報告書の提出を証券監視委から求められることがあります。**

　したがって、会計不祥事の影響が相当程度遡ることにより、既に公衆縦覧期間の経過した四半期報告書にも影響が及ぶことが想定される事案で、証券監視委が開示検査に着手している場合には、過年度訂正の範囲について財務局だけではなく、証券監視委との調整を行っておく必要があります。

Question 050
会計不祥事対応の最大のポイント

Q 東芝事件以降の会計不祥事対応の最大のポイントはどのような点にありますか

Answer

会計不祥事の調査対応のなかで根本原因の究明を的確に行うための原因分析の重要性が増し、内部統制やガバナンス体制の運用状況や運用実態の評価・分析の知見を持つコンサルタント的な専門家を早期に調査体制に加える必要性が出てくることが予想されます。

Commentary ▶▶▶

1 原因分析の重要性

　東芝事件後の根本原因の究明を重視する方向への開示検査の運用のシフト（Question029参照）や監査法人の不正リスク対応の厳格化に加え、日本取引所自主規制法人の不祥事対応プリンシプルにおいても根本原因の究明が強調されている状況等を踏まえると、今後の会計不祥事の対応では、企業が自ら調査を実施し、実態解明をする段階でいかに的確な原因分析を行って根本原因まで解明できるかが最大のポイントとなり、調査対応における原因分析の重要性がこれまでになく高まってくることが予想されます。

　当局からみた再発防止の観点、金融商品取引所・自主規制法人からみた内部管理体制の改善の観点、監査法人からみた財務諸表への影響範囲を見極め

る観点のいずれからも根本原因を的確に見極めることは極めて重要で、根本原因の解明が的確であれば改善に向けた道筋も自然と明らかとなり、会計不祥事によって毀損された企業価値の回復をスムーズに実現する方向に進むことが可能となります。

したがって、**今後の企業の調査対応では、調査期間の制約など様々な制約のあるなかで、いかにしてこうした根本原因の究明を的確に行えるかが重要なポイント**になってきます。

2 根本原因の究明の手法

これまでの調査対応では事実認定の能力に秀でた専門家が調査委員会の中心を担う実務が一般的でしたが、上記1のような動向を踏まえると、日弁連のガイドラインで第三者委員会の委員の適格性として規定されているように、内部統制、コンプライアンス、ガバナンス等、企業組織論に精通した専門家を調査体制に加えることの必要性が高まってきます(Question041参照)。

さらに、法律や制度論についての知見にとどまらず、内部統制やガバナンス体制の運用状況や運用実態を把握して評価・分析するコンサルタントのような実務的な知見やノウハウも必要となります。これまでは、調査の終盤に運用状況や運用実態の情報が不足した状態で原因分析が行われるケースも少なからずあったのではないかと思われますが、**今後はコンサルタント的な知見を持つ専門家を早期に調査体制に加えて原因分析と事実関係の解明を当初から同時進行で進めるような調査が増えてくることが予想されます。**

弁護士、公認会計士、デジタル・フォレンジックの専門家に加え、こうしたコンサルタント的な専門家を混成させたチームを組成して有効に機能させる必要があるため、会計不祥事の対応を行う専門家は高い専門性に加え、異業種間のチームをうまく機能させるコミュニケーション能力やプロジェクト・マネジメント力が重要になる時代を迎えます(Column「会計不祥事対応のプロフェッショナルたち―大事なものは?―」122頁参照)。

事項索引

●A～Z
Accounting Quality Model……96, 126
AI……151
IFRS……97, 98
IFRS任意適用会社……27, 96, 98
JVC・ケンウッド・ホールディングス事件……17
RegTech……95, 126
TTG事件……23

●あ行
アーバンコーポレイション事件……67
按分調整……19, 20, 157
一部認定……66
エフオーアイ事件……15
エムスリー事件……20
オプトロム事件……63, 68
オリンパス事件……15, 30, 39, 74, 75, 76, 85, 87

●か行
確定的故意……5, 37
課徴金加算制度……21
課徴金減算制度……21, 41, 159
課徴金審判手続……23, 24
関連当事者取引……71
キーワード検索……151, 152
偽計……13
期ズレ……51
教師データ……151
強制調査……74, 76, 77, 86
虚偽証明……102, 104, 105, 113, 115
虚偽有価証券報告書提出罪……5, 6
金融商品取引所・自主規制法人……9
クラウドゲート事件……19
経営者……4
経営者不正……4, 5
継続開示規制……12
検査関係情報……161
故意犯処罰の原則……5, 34
公認会計士・監査審査会……8
誤謬……2, 3, 6, 35, 37
コンプライ・オア・エクスプレイン……120
根本原因の究明……47, 128, 155, 170

●さ行
サイバーファーム事件……66
三栄建築設計事件……68
三洋電機事件……65
塩見ホールディングス事件……20
市場価額の総額……19
自浄作用……6, 10, 38, 39
質問調査……52
シニアコミュニケーション事件……18
社内調査委員会……51
重要性……59, 65
証券モニタリング……162
証拠開示手続（Discovery）……150
上場管理……9, 47
上場審査……9
職業的懐疑心……107, 109
新株予約権……17
ゼクス事件……21
組織再編成……17, 18

●た行
第三者委員会……4, 10, 51

立入検査……………………52, 54, 55
調査スコープ………………………142
聴聞手続……………………………23
訂正報告書…………………………20
訂正命令…………………………22, 23
データアナリティックス……101, 124, 129
適時開示……………………12, 13, 41
デジタル・フォレンジック……111, 144
東芝事件……………17, 30, 47, 85, 86, 87, 89, 90

● な行
内部通報……………………49, 50, 51
内部統制報告書……………………15
日興コーディアルグループ事件……38
日本アセットマーケティング事件……69
日本エル・シー・エーホールディングス事件……………13, 23, 46, 68
日本公認会計士協会…………………8
日本風力開発事件……………………23

● は行
バスケット条項……………………163
発行開示規制………………………12
犯則調査……………………………44
東日本ハウス事件………………6, 34
引受審査……………………………9
ビックカメラ事件………………18, 67

品質管理レビュー……………………8
フード・プラネット事件……………69
フォレンジック調査……135, 144, 145, 147, 148, 149, 150, 153, 155, 156
フォレンジック部門……111, 129, 140
不公正ファイナンス……………13, 92
不正会計予測モデル………………125
不正な財務報告……………3, 4, 5, 6, 37
不正リスク対応………………………10
ペイントハウス事件…………………23
ホッコク事件…………………………66
ホットメール…………………151, 152

● ま行
未必の故意……………………5, 37
無届募集……………………………21
メディビックグループ事件…………69
目論見書……………………………18
モバイルデバイス……………146, 147

● や行
予測タグ付機能……………………151

● ら行
利益調整…………………………125
両罰規定……………………………15
レビュープロトコル………………152
ローソンエンターメディア事件……21

三宅　英貴（みやけ　ひでたか）
アンダーソン・毛利・友常 法律事務所
弁護士

1996年慶應義塾大学法学部法律学科卒。2000年4月に検事に任官し、札幌地検、仙台地検、東京地検勤務を経て2004年6月に弁護士登録。英国系法律事務所での勤務を経て、2010年1月から2013年6月まで証券取引等監視委員会事務局開示検査課主任証券調査官として上場企業に対する開示検査に従事するとともに、取引調査課国際取引等調査室証券調査官を併任してクロスボーダーの不公正取引事案の調査等に従事。2013年7月～2017年3月まで新日本有限責任監査法人FIDS（不正対策・係争サポート）・EY Fraud Investigation & Dispute Servicesで不正調査や会計監査における不正リスク対応に従事。
2017年4月より現職。
〈主要著書〉『Q&A よくわかる証券検査・課徴金調査の実務』（共著、金融財政事情研究会・2015年）など。

Q&A 開示検査と会計不祥事対応の実務

2018年2月15日　第1刷発行

　　　　　著　者　三宅　英貴
　　　　　発行者　小田　徹
　　　　　組　版　株式会社アイシーエム
　　　　　印刷所　三松堂印刷株式会社

〒160-8520　東京都新宿区南元町19
発　行　所　一般社団法人 金融財政事情研究会
　編集部　TEL 03(3355)1721　FAX 03(3355)3763
販　売　株式会社きんざい
　販売受付　TEL 03(3358)2891　FAX 03(3358)0037
　URL http://www.kinzai.jp/

・本書の内容の一部あるいは全部を無断で複写・複製・転訳載すること、および磁気または光記録媒体、コンピュータネットワーク上等へ入力することは、法律で認められた場合を除き、著作者および出版社の権利の侵害となります。
・落丁・乱丁本はお取替えいたします。価格はカバーに表示してあります。

ISBN978-4-322-13241-0